文化外交の最前線にて

文化の普遍性と特殊性をめぐる24のエッセイ

近藤誠
Seiichi Kondo

かまくら春秋社

目次

装丁◎久保和正

文化外交の最前線にて

文化の普遍性と特殊性をめぐる24のエッセイ

世界との文化・芸術交流に日々を捧げている方々のために

第1章　文化交流を日本社会活性化の起爆剤に

2004・2・23

日本社会を覆う「閉塞感」？

いきなり重苦しいテーマですが、4年ぶりに日本に帰って感じるのは、日本は何となく元気がなく、モラルが低下し、知的閉塞感に満ちているような気がすることです。そしてそれが日本からの知的発信を弱め、対外イメージを悪化させているのです。

最近の少年犯罪や自殺の増加などの暗いニュース、学校教室の荒廃や地下鉄の中などでのモラルの低下、組織のスキャンダル、原発や石油タンク事故、JRの事故、ロケット打ち上げ失敗など技術面での信じられない失敗は、日本社会の箍《たが》が緩んでいるとしか思えません。夢や目標を失い、プライドや意地をどこかに置き忘れ、職人気質を忘れてしまったようです。最近の中国脅威論は自信喪失の裏返しです。出生率の低下の要因のひとつはひとびとの将来への信頼の低下です。

でも歴史を振り返ればこれはある社会のシステムと世界の流れとの間にズレが生じたときに起こる現象と見るべきでしょう。1970〜80年代のアメリカを想起させます。アメリカは双子の赤字に苛まれ、生産性は低下し、スリーマイル・アイランドでの原発事故（79年3月）、イランの人質救出作戦（「砂漠の嵐」作戦）の失敗（80年4月）、湾岸でのスターク号事件（87年5月）など考えられない事態が続き、社会には閉塞感が満ちて、今の日本と酷似していました。犯罪率は増加し、他国を悪役に仕立てました（ジャパン・バッシング）。

しかしアメリカは見事に復活しました。では日本復活の鍵は？　それは精神的活力の源である「自己の強いアイデンティティー」です。アメリカにはこれがありました。

パラダイム・シフト

戦後日本は安全保障はアメリカに任せ、文化はとりあえず後回しにして、国の資源を経済再建に優先配分しました。優秀な学生は理工学部に送り、経済成長という目に見える、数字で測れる価値を国民の努力と成功の基準にしました。国民性の研究は、勤勉、協調心、忠誠心など経済発展に役立つもののみを強調するにとどめ、民族としての誇りを正面から取り上げ、次世代に教えることを怠りました。戦争の過ちとは何であったのか、日本人の精神力の誤用をどうして許してしまったのかを正面から議論することの辛さと政治・外交的困難さゆえ、「精神力」そのものを語ることを止めたのです。「君が代」や「日の丸」がタブー視されたのと同じように。

国民の自尊心や生き甲斐は役所や会社でひたすら働くことを通して国家主導の経済発展に貢献することに見出されました。滅私奉公が美徳になり、「個」の才能の発露と幸福は、自分の組織での「出世」という狭いところに押し込まれました。何かを忘れていると思いつつ、「戦争に負けた後の」「とりあえず」の方針として受け入れ、「エコノミック・アニマル」と自嘲することをその免罪符としました。

経済が成熟し、国民が物質的に豊かになってもこの惰性が続きました。経済が躓いたとき、ふたつのことが明らかになりました。第一に、いつの間にか経済のパラダイム・シフトが起こっていたのです。「国家」（ステート）の役割は産業政策から構造改革へ、「会社」の目標は市場拡大からリストラへと変質し、その結果「役所」や「会社」に滅私奉公することは人生の目標として成り立たなくなりました。改革とリストラはそれまでの「会社人間」を容赦なく切って捨てたのです。個人は自立して市場価値をつけることで生きる糧を得るものであること、「国」はそういう自分たちがつくるものであり、中央政府はそのための権限を授託した相手であるという「発想の転換」が要求されています。

アイデンティティーの弱体化

しかしこの頭の切り替えは思うようにはいきません。過去の栄光と惰性がその障害になっています。また経済が複雑骨折を起こしていて、新たなパラダイムが機能する枠組みがまだ十分できていないことも一因です。しかし頭の切り替えを進めるに当たって最も重要なのは、アイデンティティーに裏打ちされた自信です。活力ある社会では、各個人がその社会（国）にアイデンティティーを感じ、それを誇りに思い、その社会（国）の目標を共有し、それに貢献することに志を感じています。しかし「精神力」を語ることを避け、「国」を「中央政府」と同一視してきた日本人は、いつの間にか本来のアイデンティティーを失っていたのです。

アイデンティティーを失い、誇りをもつものがなく、目標を見つけられぬ状況では、若者に志をもてという方が無理です。経済以外のことを考えてこなかったため、経済のパイが伸びないと、人間関係はゼロ・サム・ゲームとして捉えられ、嫉みや足の引っ張り合いが起こります。これは本来争いを嫌う日本人の誰にとっても苦痛です。そこで食うに困らぬ物質的豊かさの中で、ひとは他人との対話を避け、ごく少数の友人と携帯電話・メールでコミュニケートし、ひとりでテレビゲームやパチンコという機械を相手に勝つというあまりに小さな「目標」に没入することで、この苦痛から逃れているのではないでしょうか。幸い日本は科学技術面でこうした需要を満たすことが容易にできます。そこに大阪府立大学・森岡正博教授のいう『無痛文明』が生まれたのではないでしょうか。

日本人がアイデンティティーを見出し、目標を定め、それを達成すべく努力することに志を感じるようにするにはどうしたら良いでしょうか。「それは政府が……」というのは古いパラダイムでの話です。国民が決め、政府がそれを支援するのがこれからの国の運営のあり方です。それは生活に「文化」を取り戻すことです。

文化は贅沢ではなく生活の一部

さきほど日本は戦後、種々の理由から「文化は後回しに」したと言いました。その結果、文化は経済的に余裕ができてから、引退して時間ができてから楽しむもの、あるいは純粋な「趣味」であって社会の主流ではないものという観念ができてしまいました。本来文化・芸術は貧しくとも人間の生活に必要なものです。昨年フランスのラスコーの洞窟壁画を見てその精神的迫力に仰天しました。毎日の飢えと寒さに苦しんだクロマニヨン人が、なぜあれだけの芸術を残したのでしょうか？　フランスに『あわれなジャン――

La Goulante du Pouvre Jean』というシャンソンがあります。エディット・ピアフの歌で、ジャンという男が貧乏ながら恋に生きるという話です。人間は貧しくとも恋をするのです。金がなくとも恋が生きる力を与えてくれるのです。同様に貧しくともひとは文化から生きる力を得るのです。いつの間にか日本人は生活における文化の力、重要性を忘れました。

文化を社会に取り込むことで、アイデンティティーと誇りを取り戻し、社会の目標を作り直し、そこに志を感じることができるはずです。それには人文科学の教育を強化し、文化・芸術をもっと身近なものにすることです。

文化を突破口にすることにすでに成功し、世界に伍して活躍している多くの先駆者がいます。村上隆氏らの美術家、村上春樹氏らの小説家、上原彩子さんらの若手ピアニスト、宮崎駿氏らのアニメ、マンガやポップ・ミュージック、マラソン、水泳、柔道などで世界を制覇したスポーツ選手などです。彼らは、個人として文化、スポーツの分野で才能を伸ばし、世界に飛び出してのびのびと自分を主張し、認められたのです。何より重要なのは、日本の素晴らしい精神文化が彼らの成功の基礎にあることです。

日本がもっと文化を社会システムに取り込めるようになれば、こうした若く才能ある芸術家、スポーツ選手が日本でもっと活躍できるようになり、彼らに続く才能が現れ、国民一人ひとりがそれを毎日の生活の中で鑑賞し、心の充実を得る術を身につけ、自信を回復し、社会と経済を活性化させるでしょう。

国民が文化を生活の一部に取り込むことで精神力を回復できるような仕組みをつくり、障害を除去するのが政府、自治体の重要な役目です。外務省の役割は日本文化の魅力を効果的に発信することですが、その前に、日本人自身の自信を回復させること、そしてそれが内向きのナショナリズムに発展しないようにするために、国際文化交流という外からの刺激を活用すること……それが私の当面の課題のひとつです。

第2章　東京を唐の長安に

2004・3・20

弘法大師にインスピレーションを与えた長安

　少し古い話から始めましょう。13世紀の説話集『古今著聞集《ここんちょもんじゅう》』に、嵯峨天皇と空海（弘法大師）の話があります。ある日嵯峨天皇が素晴らしい書を見て、書道のライバルでもあった空海を呼び、誰の手になるものか聞きました。空海は、それは自分がしたためたものであると答えました。嵯峨天皇が「そんなはずはない、お前の腕は知っておる、お前にこのように素晴らしい書が書けるわけがない」と述べたところ、空海はその書の軸をはずし、そこに空海が長安の青龍寺というお寺で書いたと記してあるのを見せて、いぶかる嵯峨天皇に対して申しました。「唐という国は大国なので、相応の勢いがあり、こうした書が書けるが、日本は小国なのでそれなりのものしかできないのです」。天皇は大いに恥じいったということです。当時の唐の都長安には、世界中の人々にインスピレーションを与える文化の「力」があったのです。空海もそれに刺激されて立派な創作を行い、それによって外国人としてその魅力の増大に貢献もしたのです。

東京は当時の大国である唐の都、長安のように、世界の若者がインスピレーションを求めてやってくるような、魅力ある都でしょうか？　そうでないなら、経済力、文化力からしてその資格があるはずではないでしょうか？

日本には誰もが認める、深く質の高い伝統文化が維持されているばかりか、前章で述べたように、そのクールな現代文化は世界に飛び出し、若者を魅了しています。日本には素晴らしい才能ある人が溢れています。素晴らしい劇場や音楽会場も、展示やイベントのためのホールなどのいわゆる「ハコ」もあります。バブル経済の遺産でしょう。しかしその日本には爆発的な文化活動が生まれていません。文化の才能が社会に十分生かされていません。

「才能」と「ハコ」がうまくつながっていないのではないでしょうか。一流のシェフとレストランの建物だけでは市民が良い料理を楽しむことはできません。文化と社会をつなげるプロデューサー、キュレーター、ディレクターたちが絶対的に不足しているように思われます。文化を社会に統合する、いわゆるアート・マネジメントが乏しいのです。そもそもこうした職種や概念をカタカナでしか表せないことが象徴的です。

アメリカの社会学者ダニエル・ベルが言っているように、「現在の資本主義には、道徳的と言えないまでも、文化的な正当性がなくなってしまった」（『資本主義の文化的矛盾』講談社学術文庫〈上〉58ページ）こともあるでしょう。しかし他ならぬ資本主義の権化であるイギリスやアメリカで、このアート・マネジメントという概念が発達したことを想起しなければなりません。

戦後の経済成長偏重政策のツケでしょうか？　目に見え、経済効果のある「ハコ」をつくればそれで済むとの発想があったのではないでしょうか。政府や自治体が「ハコ」だけでなく、才能の支援とアート・マネジメントにもっと金を使い（もちろん中身に口は出さず）、財界や大学、NPOを含む社会がそれを支持することにより、才能がイベントとして花咲き、国民の日常生活を豊かにするという体制が必要だと思います。

東京にアーチスト・イン・レジデンスを

この観点で、フランスの街ナントでここ10年近く行われている「ラ・フォル・ジュルネ(La Folle Journee)」という音楽祭は興味深い試みです。3日間に1カ所の複数の劇場で

2～300もの大小のクラシック演奏会（1回45分程度）を開くというもので、市民が安いチケットで気軽にクラシックを楽しめるばかりでなく、そこに参加する1200人のアーチストや批評家と交わる場も設けられます。家族連れで参加した12万人（2003年）の観客の半数以上が「クラシックは初めて」という人たちだった由です。従来の「格調があり、チケットが高くて、ちょっと近付き難いスノッブな」クラシックというイメージを大きく変えるものです。

これを来年（2005年）に日本でやろうとの企画があります（タイトルは「クラシック音楽ばんざい」）。文化を市民の日常生活の当たり前の一部にするという点で、果たして東京でどのような効果があるか注目しています。

しかしアーチストに日本で演奏させたり、作品を展示するだけでは十分ではありません。バブルの頃高いギャラでカラヤンを呼び、ルノアールを買ったことは、それに見合った効果を社会に与えていません。アーチストたちに日本の風土のなかで創作活動をしてもらうことが必要なのです。空海も長安で作品の展示会を開いたのではなく、他の書家と交わりながら上記の書を書いたことがポイントなのです。

内外の頭脳、才能を結集させ、相互に刺激し合い、インスピレーションを与え合いながら、伸び伸びと自己の創作活動を行うことを可能にする拠点としての、いわゆるアーチスト・イン・レジデンスをつくってはどうでしょう。すでに山口県などの地方を含め小規模のものはあるようですが、まだ国際的注目を浴び、世界の文化人・芸術家がそこに招かれることがキャリアにとってプラスになると思うようなものはないようです。イタリアには「ベラジオ研究・会議センター」、アメリカにはニューヨーク郊外のＹＡＤＯＯ、京都にはフランス政府が設置した「ヴィラ九条山」などがありますし、韓国もソウル郊外に大規模なアーチスト・イン・レジデンスを建設中です。

日本人は遣唐使以来、外に出て外国の良いものを学んでくることには長けていました。しかし異文化を懐に呼び込むことは不得手でした。官民あげてこうした拠点を東京につくり、内外の一流のマネージャーにその運営を任せることで、才能ある世界の若者に注目させ、才能ある日本の若者を刺激し、付近の劇場や美術館を刺激し、その創作の成果が国民の日常生活に溶け込むことが期待できます。地域研究や文化・芸術を広く含むものが理想的です。「長安」への第一歩になるでしょう。そして経済効果も期待されるばかりか、日本国民の「元気」の素にもなるのではないでしょうか？

「思いやり」をどう翻訳するか？

最近あるセミナーにお招きを受け、今後企業が人々の暮らしに食い込んでいくための戦略として、欧州などで「ホスピタリティー」という概念が、「サービス」とは異なる価値をもつものとして注目されてきていることを知りました。「ホスピタリティー」と「サービス」はどう違うのか、日本語の「おもてなし」「気配り」「思いやり」という概念との関係、対価を期待するかなど、いろいろ不明な点が多いですが、日本という国、日本人という民族が世界でより良く知られ、理解され、愛されるために、どこか参考になりそうだと思い、勉強を始めました。

最近外務省が、JET（「語学指導等を行う外国青年招致事業」の略称）プログラムによって来日し、全国の都道府県庁や政令指定都市の市役所で働いている若い外国人を対象に行ったアンケートの項目に、関連したものがあります。「日本に到着した直後に何に一番困ったか?」との質問に対し、「物価高」に次いで「交通機関の乗り方」と「日本人は親切だが打ち解けて話せない」が挙げられたのです。英語でいえば、日本人は「kind」だが、「hospitable」でないということで、これまでの日本人の自負（日本人は親切と思われている）が適切ではなかったことになります。最近、あるアメリカの新聞の東京支局長と話したら、インタビューを受けた中国人留学生たちが、「日本に何年いても本当の友達ができない」とこぼしていたと言っていました。

私は直感的には日本人の「思いやり」は、対価を期待せず、相手と一体になり、かつそれを示すことにより自分自身も心が豊かになるもので、世界に誇るべき精神である、「ホスピタリティー」の見直しなど今さら言い出す欧州は遅れていると思います。しかしこうした日本人の「徳」は事実でも、引っ込み思案（shyness）、心の奥にある人種偏見、家の狭さなどと総合されると、我々が思っているほど世界で好かれているわけではないのかな……と思ったりもします。つまり日本人の良さを、世界に通用するホスピタリティーに翻訳させる努力が必要なのかも知れません。それが「ホスピタリティー」に関心をもった背景です。

アーチスト・イン・レジデンスを成功させるためにも、そして小泉総理のイニシアティブで始まった「ビジット・ジャパン・キャンペーン」の成功のためにも、研究に値する概念かも知れません。長安の人々にも、経済力、文化力に加え、国際的に通用する「ホスピタリティー」があったに違いありません。

女性と若者に期待

パラダイムがシフトし、戦後日本の発展に貢献してきた人たちがアイデンティティーに悩み、社会に閉塞感があるとき、文化と社会をつなぐアート・マネジメントや「思いやり」の翻訳等、いわば社会が文化資本を重視していく上で鍵を握るのは女性と若者かも知れません。ＯＥＣＤでの研究によれば、マクロ経済学的にも日本の今後の生産性を支える鍵のひとつは労働利用率の向上、すなわち女性の労働参加の増加です（The Sources of Economic Growth in OECD Countries, 2003 この点について『外交フォーラム』２００３年８月号の拙論「日本が成長軌道に戻る日」参照）。そしてクール・ジャパンの担い手は若者です。後漢書の「雄飛」と「雌伏」の時代から、「雌飛」の時代になったとの指摘もあります（『女たちが日本を変えていく』日経ビジネス人文庫６　28～29ページ）。現に最近シンポジウムに参加し、発言する若い女性の数が飛躍的に増えました。これから文化交流を通じて日本社会を活性化していく担い手は女性と若者なのです。

第3章　日本に残る「目に見えない価値」

2004・4・29

4年ぶりに日本で桜を鑑賞し、心打たれました。日本人は何故これほどまでに桜に惹かれるのか……無常観、もののあはれ、美意識……などと考えながら、その答えは分からぬままに、ただ桜を愛せることそのものに幸せを感じました。

オリンピックで国旗を

先日、外務省はイラクのオリンピック委員会会長であるアル・サマライ氏を招待しました。日本オリンピック委員会（JOC）と協力して、イラクがアテネ・オリンピックなど国際競技で良い成績を挙げることができるよう、いろいろな支援をするためです。イラクが参加を目指す重量挙げや陸上競技の用具（バーベルや槍等）を贈ったり、柔道やレスリングの選手たちが本番前に安心して練習ができるよう日本での強化合宿に招いたりすることで合意しました。アテネでの入場式の制服も日本製となります。

戦前のベルリン・オリンピック（１９３６年）で前畑秀子が、戦後のロス・アンゼルス全米選手権（１９４９年）で古橋広之進が日の丸をメインポールに揚げたことが、敗戦に打ちひしがれていた日本国民をどんなに勇気づけたかを思い起こし、是非、国家再建の苦しみにあえぐイラク国民に、アテネの空にはためくイラク国旗を見てほしいとの願いからです。水や電力、道路などのインフラも必要でしょうが、国を造るのは所詮イラク人たちです。彼らの勇気を鼓舞し、忍耐のための希望を与えることも同様に重要なのです。

武道がひとに伝えるもの

アル・サマライ氏には、イラクのオリンピック委員会事務局長で空手六段のオディシオ氏が同行しました。彼が小泉総理に言ったことが印象的でした。世界で行われている空手はすっかり欧米のスポーツ化してしまったが、イラクでは日本古来の正統な空手を教えている、それは勝つことを目的とするのではなく、精神を磨き、お互いを尊重することを目的とするものであるからと。それを受けてアル・サマライ氏は述べました。それこそ宗派や肌の色を異にするイラクの若者たちが再建のために団結する上で何より必要なものであると。

それより少し前、やはり外務省がアフガニスタンやコスタリカなど世界の若き柔道家10

人ほどを招待したとき、彼らが口々に言ったのは、柔道が教えてくれるものは欧米のスポーツとは違う、それは勝つことではなく、何かに自分をコミットすることであり、哲学であり、人格形成であり、他人の尊重であり、平和の精神を磨くものであるということでした。そしてその場にいたロス五輪金メダリストの山下泰裕氏が、ジャック・ロゲIOC会長（元ベルギーのヨットのオリンピック代表）の言葉を紹介してくれました。それは、人間は神ではない、だから残念ながら間違いを犯すものだ、スポーツでも然りで審判も間違いを犯す、だから柔道では間違いを犯した審判にも敬意と尊敬を失わない、そこがサッカーなど欧米のスポーツと違うのだ、というものでした。競争に勝つことが目的化している欧米のスポーツとは違う日本の武道の特徴は、練習と鍛錬を通していかなる国民にも伝わることを示しているのです。

寺や古典芸能が残しているもの

さる中国の文人から、京都の東福寺（1255年建立）を訪れて感動した話を聞きました。紅葉で有名なこの禅寺では、聖一国師による開山以来、同師の中国での先師無準の生誕記念日を祝っているのです。宋時代に全盛期を迎えた禅宗は、元の征服によって滅亡しましたが、それは日本に伝わり、今日まで発展し続けているということなのです。

能に『経正《つねまさ》』という、琵琶の名手であった平家の公達の話があります。一ノ谷の合戦で自刃して果てたのを悼んで、京都の仁和寺で供養が行われます。そこへ彼が愛用していた「青山」という琵琶が供えてあるのを知った経正の亡霊が現れ、懐かしみながらそれを弾き、夜遊の舞を舞いますが、戦場で戦ったものの宿命として修羅道の苦しみが襲いかかります。こうした自分の姿を恥じた経正は、灯を消し、闇に消えます。

修羅道といえば、もうひとつの能『屋島』を思い起こします。旅の僧の前に源義経の亡霊が現れ、屋島の合戦で落とした弓を拾うべく海中に馬で乗り入れたエピソードを物語っているうちに修羅の時刻が訪れます。義経は再び修羅の苦患に喘ぎ、能登の平教経の軍勢との壮絶な戦を演じるうちに春の夜が明けます。「敵と見えしは群れゐるかもめ、ときの声と聞えしは、浦風」の音へと変わります。

戦乱の時代にも文化を愛した者がいた。その者も、そして欧米ならば勝利のヒーローとして崇められる義経もまた勝利したからこそ無常感を味わい、戦にかかわった者としてともに修羅に落ちて苦しみ続けるのです。武士は血に飢えた非人道的な戦士という欧米のイメージを吹き飛ばす物語です。人を斬らねばならぬ武士ゆえの苦悩が600年間語り伝えられているのです。

アニメの魅力

年の初めに大阪で何人かのＪＥＴのひとたちに会いました。あるアメリカ人は宮崎駿さんのアニメ「千と千尋の神隠し」や「もののけ姫」の奥に繊細な美意識と自然観、複雑で深いストーリー性を感じて魅入られた、それが訪日の契機となったと述べました。

ひとは目に見えないものの価値を理解するのは得意ではありません。物質的豊かさと刹那的享楽に世の中の関心が集まり、テレビやインターネットがマーケットの動きやディスカウント情報を目に見える数字として伝える今は特にそうです。いつの間にかひとは自分のメッセージを伝えるため、1秒でも長くひとの目を釘付けにすることばかりに工夫を凝らし、カネと暴力とセックスに溢れる画像やプリントに依存するようになりました。目に見えるものですべてを語ろうとしています。しかし所詮目に見えるもので表現できることは少ないのです。そのことに気づかぬひとが増えています。

日本の武道は制限された体の動きの奥に目に見えぬメッセージをもっています。東福寺の建物とささやかな行事は750年の歴史を物語ります。能や狂言の極めて限定的な動きとストーリーには、無限に近いメッセージが秘められています。目や耳を圧倒するものより、わずかな「ことば」や「しぐさ」「音」「香り」によって初めて目に見えぬものの価値が伝わるのです。さくらや蜻蛉のはかない命が無常感を伝えてくれるように。

それが日本文化の真髄であり、それは今でも健在なのです。中国の文人、イラクの空手家、コスタリカの柔道家、柔道を知るベルギー人、そしてアニメを見るアメリカ人がそれを教えてくれたのです。

日本外交に幅と厚みを

これからの日本外交では、こうした文化・スポーツ分野での協力を強化していきたいと思います。それはグローバル化の下でもてる資源を欧米流の経済開発と改革に集中させざるを得ず、その結果アイデンティティー喪失のジレンマに苦しんでいる途上国のひとびとの心に勇気と希望を与えるからです。そして文化・スポーツを通して伝えられる「目に見えぬ価値」を日本はまだふんだんにもっているからです。アニメなどの現代文化は新しい技術を駆使することで、その新たな発現手段を見つけたのです。

アフガニスタンのカブール大学の学長は、日本は現代の唯一の希望である（Japan is today's only hope）と述べました。文化は日本外交に幅と厚みを与えてくれるのです。

第4章　無形文化遺産条約

2004・5・30

見渡せば花ももみじもなかりけり
　浦のとまやの秋の夕暮れ
藤原定家

前章で桜の美しさ、はかなさを述べたばかりで、花の「艶」から、花もない「侘び」の世界に移りましたが、基本テーマは同じです。

形のないものの価値を重んじる

2004年5月19日、参議院本会議は「無形文化遺産の保護に関する条約」を採択しました。昨年の2003年10月17日にユネスコがこの条約を採択して以来、国会の手続きを必要とする加盟国の中では、日本が真っ先に批准することとなったのです。これはこれまでの、建造物や遺跡など「有形」の文化遺産や自然を保護する条約に加え、演劇、音楽、風俗習慣、工芸技術などの「無形」の文化遺産も同じように保護する必要があるとの考えからできた条約です。

この条約の締結を強く働きかけてきた国があります。日本です。日本は戦後間ない昭和25年に文化財保護法を制定して以来、有形のみならず無形の文化財の価値を認め、国が保護するという点で世界に冠たる先進国でした。そしてこうした点についての世界の認識を高めるため、ユネスコを通じて働きかけを行ってきました。そのひとつが「人類の口承及び無形遺産の傑作の宣言」（俗称「傑作宣言」）です。

これは世界の優れた無形文化財を選定してリストに掲載し、それによって認識を高め、各国での保護を促し、また先進国からの援助を奨励することを目的としています。これまで2回の宣言で、能や文楽を含め世界で計47件が登録されています。日本はユネスコを通じて、途上国の「傑作」の保存、振興、後継者育成のために援助を行っています。条約が成立すれば、これらの「傑作」はそのまま条約の下での保護の対象となります。日本の戦後の外交の中でもユニークな成果となりましょう。

日本がこの条約に執念を燃やしてきた背景には、形のないものの価値を世界にもっと理解して欲しいという気持ちがありました。そして欧米先進国には建築物や遺跡等「形のある」文化遺産が多いのに比べ、アジアやアフリカの途上国には口承など「形のない」文化遺産が多いこと、そしてそれゆえに欧米流の近代化、グローバル化の陰でそれらが消滅しつつあるとの危機感があったのです。

黒谷さんの茶髪の男女

京都の「哲学の径」を少しはずれたところにある、「黒谷《くろだに》さん」の別名で親しまれている浄土宗大本山金戒光明寺を訪れた時のことです。私のすぐ横に茶髪の若い男女が来ました。彼らは寄り添いながら御影堂を仰ぎ、そして軽く手を合わせて、山門の方に消えました。彼らが外に停めてあった真っ赤なスポーツカーで出て行くのを見たのはそのわずか10分後でした。とやかく言われることの多い茶髪族も、精神的なもの、寛容なもの、やすらぎを求めていることを示すひとコマでした。そして、それを感じさせ、その気持ちの表現を促す場としてのお寺が沢山ある京都の若者は羨ましいと思いました。

八重洲にあるブックセンターには「精神世界」というコーナーが、内幸町の本屋には「自己啓発」というコーナーが、目黒駅のレコードショップには「癒し」のコーナーがあります。いずれも5年前に海外に赴任した時には気づきませんでした。わずかの間のこうした変化は、日本人が、意識しているか否かは別として、「目に見えぬもの」「形のないもの」の価値を求めていることを示しているように思えます。

沢木耕太郎の『深夜特急』が、若者が精神性を求めてアジア・シルクロードへ一人旅をするブームを引き起こしたことを最近知りました。また昨年末はポップ・ミュージックを通したアジアの若者の連帯感の高まりも目の当たりにしました。

外務省は日本への元留学生を招待し、恩師との再会や、新たな日本を知ってもらう機会をつくり、日本への関心や最新の知識をもち続けてもらうためのプログラムを設けています。先日ある韓国人の元留学生が、「日本人は最近演歌が下手になった、それは皆金持ちになって、貧しさや苦しさを感じなくなったからだ」と述べました。中国の元留学生は、日本の文化のエッセンスは茶道にこめられており、それを表しているのが岡倉天心の『茶の本』であるが、日本人は未だに彼を超える本を書けていないと言いました。いずれもアジア人は日本に期待しているので、もっと精神面で頑張って欲しいとのメッセージでした。

開国以来の日本の歩み

150年前に欧米と出会ってから、日本人は彼らに追いつき、帝国主義に対抗するため、3つのことを行いました。富国と強兵と一神教的国家体制の構築です。伊藤博文は明治憲法によって、それまでは庶民の日常の宗教や生活慣習であった神道を国家宗教にし、天皇を絶対君主に仕立てあげました。この政策は強兵政策とともに、日清、日露戦争、第一次大戦までは成功したかに見えました。しかし、それはやがて国家を大破綻に導きました。

戦後日本はこれらを捨て、富国政策に特化しました。それは成功し、第2の経済大国となった日本ですが、いまや行き詰まっています。

ひとは精神的充足を得るために身の安全と物質的豊かさを求めます。それは国家のレベルでは富国強兵政策となります。しかし世界では本来手段であるはずの武力と富（経済成長政策）が、いつの間にか自己目的化してしまいました。17世紀以来の西欧の近代主義の行き過ぎのなせる業です。近代主義の長所をいち早く吸収・消化しつつ、その限界に気づいた日本が、人間本来の目的が何かを世界に示していくべき時期がきました。欧米先進国にこれを知らしめ、途上国にグローバル化への安心感を与えるためです。日本が国連憲章と日米安保条約の下で強兵政策をとらずに平和を保つ体制をつくり、またグローバル化の下で資本原理主義が行き詰まりを見せる前に、富国政策で経済大国の地位を不動のものにできたことは幸運でした。

一神教政策の失敗の反動で精神的価値を語れなくなった日本人ですが、前章で述べた武道や古典芸能に残る精神性、無形文化遺産条約における日本の貢献は、日本が世界に新たな価値観を提示していける能力があることを示しています。物質的豊かさに目を奪われがちな日本人にまだ明確な意識がないのは事実ですが、これまで見てきたように、日本人は迷いながらも自分を取り戻しつつあるような気がします。ただその迷いが中国人や韓国人にはもどかしいようです。冒頭の定家の歌は、千利休の侘びの心を表すものとして、千家流に伝えられる七事式の法策書（おきてがき）のひとつです。日本の精神の原点を中国の元留学生が思い出させてくれたのです。

欧米の近代主義は人類を未曾有の繁栄に導きました。しかし、科学が頂点を極めた20世紀は戦争の世紀となりました。21世紀もこのままでは進歩主義に抵抗する憎しみとテロの時代になりそうです。１８２１年『法の哲学』でヘーゲルが言ったように、歴史の現象は最終段階でようやく本当の意味が分かるのだとすれば、今こそ欧米近代主義という現象は、その歴史上の全体的意味が理解され始めたという意味で最終段階を迎えている、即ち、「ミネルバの梟が飛び立つ黄昏」を迎えているのではないでしょうか。現代文化における日本ブームや無形遺産条約の成立は、終わりつつある現象を知覚するミネルバの梟の羽ばたきかも知れません。

第5章　普遍的価値と文化の多様性

2004・7・25

第3章でイラクへのスポーツ協力を取り上げましたが、いよいよアテネ・オリンピックに出場する柔道のハディール・ラーゼム選手とコーチが外務省招待で来日しました。8月7日まで講道館などで合宿をします。アテネでイラクの旗を揚げるよう応援しましょう。

存在するものにはすべて価値がある

日・ASEAN交流年であった昨年2003年、ASEAN10カ国合同による舞踊劇「ラーマーヤナ」を東京で観ました。その時「この世にあるものには、すべて存在の意味がある」という台詞に気づきました。一昨年ロンドンで娘をミュージカル「ライオン・キング」に連れて行った時のことを思い出したからです。生まれたばかりで好奇心旺盛なシンバに父親の王ムファサが世の中の様々な現象を説明している時、黒い不気味な鳥が空を飛んでいきます。怯えるシンバに、父は「この世にあるものには、すべて存在する意味があるのだよ」と教えました。

何気ない言葉ですが、いつの間にか自分のものになってしまいました。例えば家の中に蜘蛛がいて娘が怖がる時は、殺さず、そっとつまんで外に出して言います。「この世に存在するものには、皆それなりの意味があるのだよ」と。


ここで思い起すのが、進化論と棲み分け論の論争です。西欧の近代文明に影響を与えた理論のひとつに、ダーウィンの進化論（『種の起源』1859年）があると思います。競争により適者が生き残ることで種全体が進化するという理論は、進歩史観につながりました。進歩は一本道であるので、現状の違いは発展段階の違いである。その中で西欧文明こそリベラル・デモクラシーという普遍的価値を体現し、先頭に立って世界を好ましい方向に引っ張っていくという信念を生みました。

このように人類の思想全体に大きな影響を及ぼした進化論に挑戦したのが、今西錦司の「棲み分け」論（1941年）と、梅棹忠夫の『文明の生態史観』（1957年）です。学問的正確さを捨象して要約すれば、これらは、競争でなく共存によっても進化はするし、また進化は地域ごとに主体と環境の相互作用によって同時並行的に起こる（即ち進化は一本道ではない）と主張しているのです。

西欧近代主義と非西欧の抵抗

進化か共生かは、単なる学問上の論争ではなく、現実の国際関係でも大きなテーマです。生存競争による進化論を信じる西欧の普遍思想は、時として犠牲を厭わぬ使命感、時として相手の都合を無視した一方主義を生みます。好むと好まざるとを問わず、この力が過去300年の世界の歴史を作ってきました。

これには、植民地主義の被害者たる途上国に根強い抵抗があります。それは最近「文化の多様性」保護の主張という形をとっています。個々の文化には固有の価値があって優劣はなく、その共存は社会のダイナミズムの源泉として尊重されるべきであるという議論です。70年代に移民が急増するカナダや豪州で、国家統合の維持という政治目的から登場した「多文化主義」と同じ概念です。少数民族問題など微妙な国内問題とも絡みますが、最近はグローバル化の加速とアメリカの一極支配が進む中で、自国の文化的アイデンティティーに危機を感じている諸国が使う議論です。

ユネスコが現在文化の多様性保護に関する条約を作ろうとしている背景には、こうした途上国の危機感と、それを利用するフランスの政治的考慮があります。グローバル化の下での競争が今後も続くことを考えれば、地球上の誰もが自分の文化に誇りとアイデンティティーをもって生きていくには、文化の多様性の保護が益々重要になることには疑いありません。

こうした状況の下では、「棲み分け」論や、「ライオン・キング」や「ラーマーヤナ」の「存在するものは皆意味がある」という台詞は、多くの人々の共感を得られるのではないでしょうか。「この世の文化は、すべて存在する意味がある、だから保護すべきだ」ということを条約にするのは当然かも知れません。

近代と普遍性

しかし多様性を保護することによって、優れた才能や努力が十分報われず、怠惰な者が救われる保護主義を助長し、社会の活力が失われるという「相対主義の罠」の危険を避けることも必要です。自由競争、民主主義を普遍的価値として信ずるアメリカが、多様性条約に難色を示しているのももっともです。

ただもし米国主導の西欧近代合理主義に対して、文化の多様性という概念で挑戦がなされているとしたら、しかも近代合理主義の生みの親であるデカルトの国フランスがそれを主導しているとしたら、これまで西欧が信じてきた近代主義の「普遍的価値」とは一体何だったのでしょうか？　近代主義という中立的でかつ普遍的な価値は依然存在しますが、ヨーロッパがそれを植民地主義の正当化に使い、またアメリカという特殊な文化がそれに付着して輸出され、あるいはアメリカの企業がそこに自らの利益を刷り込み、両者を一体として押し付けるから、結果として近代主義そのものへの抵抗が生まれているのでしょうか？　それとも近代主義と言われてきたものは所詮普遍的なものではなく、西欧というひとつの文化の強者の論理に過ぎなかった（弱者になった途端にフランスが反発し始めた）のでしょうか？

近代合理主義は18世紀の産業革命を経て植民地主義、そして奴隷制度をもたらしましたが、その拠って立つ自由主義、普遍主義の論理故に自らそれらを廃止しました。娘が通っていたパリの英国学校の教科書には、英国が自主的に奴隷制廃止のイニシアティヴをとったことが誇らしげに書いてありました。アメリカは60年代の公民権運動など、多文化主義の道を進めつつ、スーパー・パワーとして益々普遍主義を前面に出しています。国内の多様性こそがアメリカの理念に普遍性を与え、その普遍性がアメリカの政策に正統性を与えるというのがこれまでの説明でした。

しかしそのアメリカ自身が、ヒスパニック系国民の急増に「アイデンティティー」の危機を感じていることを鋭く指摘し、普遍的な国家たることを止めて、アングロ・プロテスタントに徹しようというサミュエル・S・ハンティントンの問題提起『分断されるアメリカ』は、衝撃的とも言えるものです。70年代のカナダや豪州のとったマルチカルチュラリズム政策に逆行するものとさえ言えます。

これは上述のように、アメリカニズムが、近代の普遍的価値を実現しつつも、それに固有の文化を加えたものなので、その部分に参加しないもの（ヒスパニック）は排除しても良いということなのか、あるいは冷戦が終わり、リベラル・デモクラシーが勝利した途端に「歴史」が終わって普遍性を失い、アメリカはアングロ・プロテスタントという、ひとつの文明に過ぎなくなったので、多様性のひとつとしてそれを防衛しなければならないということなのでしょうか。文化多様性条約をめぐる今後の交渉を左右しうる疑問です。

第6章　パブリック・ディプロマシー

2004・8・1

言うまいと思へど今日の暑さかな

という川柳が思い出される毎日です。

パブリック・ディプロマシーとパラダイム・シフト

8月1日付で、外務省の機構改革が実施されました。久しぶりの大きな改革です。私の所属する文化交流部も、世論調査や外交政策の広報などを担当するユニットを合体させて、「広報文化交流部」になりました。

最近英米を中心に「public diplomacy」という言葉をよく耳にします。政策決定への市民の参加の増大、IT技術の急速な進歩、グローバリゼーションの進展などを背景に、外交の役割が、外国政府を相手にするだけではなく、相手国民に直接・間接に働きかけることによって自国の理解・イメージを向上させ、自国の政策の支持、自国民の海外での安全確保、世界の人材や投資の流入を通した社会・経済の活性化にまで拡大しているということです。そして「public diplomacy」は外務省のみならず、地方自治体、民間交流団体、NGO、NPOなど様々な担い手が相互にネットワークをつくることによって、最も効果的に実施されるのです。

組織や人間活動のあり方が、これまでのようにある個人や組織がトップに立つピラミッド型の統治機構ではなく、水平で平等なネットワーク型になっていくという、最近起こりつつある人間社会のパラダイム・シフトを表す典型的な例です。

広報文化交流部の設置は、まさにこの世界的流れに添ったものと言えます。「public diplomacy」という言葉は、60年代半ばのアメリカで始まった用語ですが、これにもぴったりの日本語がありません。対市民外交、世論外交、広報文化外交などいろいろ工夫しても、いずれも行動の客体に注目するばかりで、行動の主体に政府のみならず多くの担い手が「パブリック」を意識して加わるとの意味合いが出ないことが欠点です。私のポストの英語のタイトルは「Director -General for Public Diplomacy」にしました。

国際交流基金も変わる

国際交流基金は昨年2003年10月1日に独立行政法人になりました。外務省が進める「public diplomacy」の最良のパートナーとして、これまでに蓄えた専門性と様々な交流の担い手とのネットワークを生かして、国際文化交流の中心的役割を果たすことになります。基金も独法化を機会にいろいろな改革をしています。

機構改革やエレガントなロゴの制定、そして特筆すべきは今般国民とのネットワークを深めるため、「JFサポーターズクラブ」という制度を始めたことです。外務省の機構改革と基金「Japan Foundation」の改革がそろって、いよいよ日本の「public diplomacy」の新しい幕開けです。

ソフト・パワー

広報文化外交を論じるとき、その目的を遂げるために必要なものとして必ず指摘されるのが、国のもつ理念や文化の魅力です。ハーバード大学のジョセフ・ナイ教授が1990年の論文で「ソフト・パワー」と定義づけたものです。軍事力や経済力などのハード・パワーに対する概念です。これもぴったりの日本語が見つかりません。理念・文化力ということでしょうか。

ナイ教授は近著『ソフト・パワー』（２００３年）の中で、ソフト・パワーの源泉となるものとして、文化、政治的価値、外交政策の３つを挙げています。アメリカのポップ・カルチャーの魅力、民主主義や人権尊重などの価値、そして外交政策の中身とやり方などが組み合わされて力を発揮するということです。

しかし難しいのは、特定のソフト・パワーがいつも同じ効果を持つという訳ではないこと、そして軍事力のように政府がすべてを制御できないことです。効果は相手や状況に応じて変わり、また短期と長期でも影響が異なることがあります。アメリカのポップ・カルチャーはアジアの若者のあこがれですが、フランスの知識人には受けがよくありません。アメリカによる民主主義の宣伝は東独の民衆を動かしましたが、中東では少なくとも現時点では押しつけとして反米感情を醸成しています。

日本のソフト・パワーとは何かを考えるとき感じるのは、文化と理念と政策を明確に分かつことはできないということです。問題は、その国がソフト・パワーの源泉としてどのような基本的価値観をもっているか、文化・芸術の表現であれ、政府の政策であれ、国民の行動形態であれ、その価値観をどの程度うまく表現して効果的な「力」に変える能力があるかということに尽きるのではないでしょうか。

さらにナイ教授はソフト・パワーとハード・パワーをひとつのスペクトラムの両端にある概念ととらえ、両者の間に明確な境はないとも述べています。賛成ですが、同時にハード・パワーの行使自体が、マイナスのソフト・パワーになるのも事実ではないでしょうか。日本が憲法第九条により軍事力を国際紛争解決の手段として行使しないことを誓ったこと、その経済力をＯＤＡによって行使するときも欧米のように自分の価値観に基づく注文や条件（コンディショナリティー）をあまりつけず、相手国の希望するプロジェクトを支援することなど、いわゆる「押しつけ」をしないこと自体が、日本についての良いイメージを与えたと思われるからです。

ソフト・パワーの日米比較

この考えの裏にあるのは、日本は第3章、第4章で述べた「目に見えぬものの価値」、すなわち美意識、自然観、調和の精神、相手を敬う道徳心などをもち、それが武道、古典芸能のみならず、現代文化、日本人の行動様式、ＯＤＡや国連重視などの外交政策などの形を通して現れていること、それが徐々に、しかし着実に良い効果を生んでいるとの確信です。サマーワの自衛隊員も、イラク国民と共に汗を流すことで、ソフト・パワーを発揮しているとも言えます。日本の芸術の形態や、政策の内容自体ではなく、そこを貫く理念・思想が力の源泉となり、それがさまざまな経路を通して、「自然体で」世界に伝わっているということです。

そしてアメリカは自由、民主主義、人種差別への真剣な態度などの価値観をもち、それゆえに多くの学生、アーチストを惹きつけ、自由と民主主義の拡大と冷戦の終了に貢献しました。しかし善意に基づいているとはいえ時として傲慢と思える説教をしたり、言動にギャップがあってダブル・スタンダードという批判を受けたり、単独（行動）主義的介入という「押しつけ」をしてしまうことで、折角のソフト・パワーの源泉を浪費してしまっていると思われるのです。アメリカ文化の形態や、政策のサブスタンス自体ではなく、その奥にある個人の自由の尊重、民主主義という理念が力の源泉であり、それらの使い方、伝え方が時として相手に否定的な受けとられ方をして、その力を減じてしまっているということです。

ただしこれは非西欧からの見方であって、欧米の目から見れば、国際体制から便益を受けた日本が、絶対的価値である民主主義拡大のために安全保障などで「応分の」貢献をしないことや、ミャンマーのような軍事体制に「甘い」態度をとることは好ましくないことであり、また「正義」のために戦うアメリカを中東が嫌うのはそれ自体「間違い」なのかも知れません。前章のテーマである、西欧の普遍主義と、東洋の多様主義（とでも言うべきもの）に関係がありそうな気がします。

対談
1

音楽で世界を、心を結ぶ

──真の豊かさを求めて──

セッポ・キマネン
×
近藤誠一

セッポ・キマネン氏プロフィール

1949年フィンランド・ヘルシンキ生。チェリスト。シベリウス音楽院、プラハ音楽院、パリ音楽院などでチェロを学ぶ。70年から、ヴァイオリニストで妻の新井淑子氏とともに「クフモ室内音楽祭」を開催している。数多くの音楽祭のアートディレクターとして、また「シベリウス弦楽四重奏団」のチェリストとして活躍。86年にはフィンランドの芸術家に贈られる最高位勲章プロ・フィンランディア・メダルを夫妻で受章した。2007年10月、駐日フィンランド大使館参事官<報道・文化担当>に。

「クフモ室内音楽祭」から始まった

近藤　キマネンさんの音楽を通したユニークな活動について、文化交流の観点からいろいろとお伺いしたいと思います。キマネンさんは２００７年10月、駐日フィンランド大使館の参事官として来日されましたが、チェロ奏者として各地で活躍され、数多くの賞も受けられた音楽家でいらっしゃいます。また何と言っても、最高の音楽祭の一つであると評価の高い「クフモ室内音楽祭」を、日本人であるヴァイオリニストの奥様、新井淑子さんと誕生させたことはキマネンさんの大きな功績だと思います。その後、音楽学校で講師をなさったり、多数の音楽祭でアドバイザーやアートディレクターとして活動してこられました。まさに音楽を通じて世界中を駆け回ってこられたのですね。

キマネン　はじめは生まれ故郷・ヘルシンキのシベリウス音楽院で、続いてチェコのプラハ、フランス・パリの音楽院などでチェロを学んだのです。その後は、パフォーマーとして40～50ヵ国の国々を訪れました。本当に音楽のおかげです。

近藤　シベリウス弦楽四重奏団の創設メンバーになられたのが１９８０年で、86年にはフィンランドの芸術家に贈られる最高位勲章である「プロ・フィンランディア・メダル」をご夫婦で受章されています。私が凄いなあと思ったのは、１９７０年にクフモ室内音楽祭を現実のものとされたとき、20代になったばかりだったということです。いったい何がキマネンさんたちを突き動かしたのでしょう。なぜそのような音楽祭を、大都市ではなくあえてクフモのような小さな町で始められたのでしょう。

キマネン　そうですね、理由はいろいろあります。まずは音楽的な理由からお話ししますと、当時、私はパリの音楽院で勉強していたのですが、周囲は騒音、つまり「機械的な音」であふれていました。街のいたるところで工事が行われ、頭上を飛行機が飛んでいく……。そうした騒々しい環境は、室内音楽を演奏するのにふさわしくないと思ったのです。音楽の演奏、特に、室内音楽には「静けさ（サイレンス）」が不可欠です。フィンランドに帰国してから、まずそうした機械的な音のない、静かな環境で演奏できる場所を探しました。ソビエト連邦との国境近くにある小さな街のいくつかが候補に挙がったのですが、そのうちの一つがクフモだったのです。

近藤　クフモの街には、室内音楽のための「静けさ」があったのですね。

キマネン　そうです。クフモの街は、カヤーニ空港から100キロメートル、鉄道の駅からも60キロメートルも離れていて、ヨーロッパで最も規模の広い森の中にあります。理想的な場所でした。クフモにたどりついたのは1970年のことです。

近藤　そのほかの理由とは？

キマネン　フィンランド全土に言えることでしたが、当時、オペラ音楽はごく一部の限られた階層の人々、いわばエリートだけが楽しむものでした。公演の料金が高すぎたのです。でも、音楽や芸術はそもそも、お金持だけが楽しむものではありませんよね。経済的状況や学歴、人種、肌の色、宗教に関係なく、世界中の人々の心に真っ直ぐに飛び込んでくるもの、必要不可欠なものであり、基本的なコミュニケーションの手段でもあります。音楽のもつ偉大な可能性に気づかず、一部のエリートだけのものと思っている人たちがいるのなら、その誤りを証明したいと考えたのです。

近藤　なるほど、その意味でも、クフモのような都心から離れた街は、理想的な場所だったのですね。

キマネン　その通りです。クフモには音楽の教育者が少なく、音楽に親しむ習慣のある土地柄ではありませんでした。つまり、音楽に対して無垢だったのです。そこで、まずローカル・ミュージック・ソサエティーに宛てて、「クフモに、学校や教会など音楽を演奏できる施設があるのなら、音楽家を招いて国際的な音楽祭を開きたい」と手紙を書きました。ミュージック・ソサエティーも設立されたばかりで、もしかしたら興味を示してくれるかもしれないと考えたのです。でも当時、私は無名の一音楽学生に過ぎませんでしたから、正直言ってそう期待はしてはいませんでした。ところが、なんと一週間で返事が届き、私のアイデアに賛同すると書かれていたのです。

近藤　偉大な一歩を踏み出した瞬間ですね。

キマネン　最初の頃、資金はまったくありませんでした。でも、演奏会を開く教会や学校は無料で借りられたので、会場のやりくりは何とかなりました。資金不足の状態は、7〜8年続きましたが、お金はなくても私も妻も何人かの仲間は、若さと音楽に対する情熱にあふれていましたので、それほど苦ではなかったのです。

近藤　なるほど。

キマネン　一回目の年、初回の演奏会では、1500人も入る教会で、観客はたったの8人だったのを覚えています。その8人の半分、4人の観客が感激して涙を流していたんですよ！

近藤　キマネンさんらのメッセージが届いた証拠ですね。

キマネン　最初の音楽祭以降10年間は、宣伝、広告などは一切しませんでした。大きな宣伝をする前に、まず地元の人々のために演奏をすることが大切だと思ったからです。私たちが本気でこの音楽活動に携わり、プログラムを考え、実行していることを知って、クフモの人たちは私たちの活動に対して強い興味と関心を示してくれるようになりました。

近藤　たった8人の観客からスタートした音楽祭は、10年後には同じ会場に900人が足を運んだと聞いています。ほとんど地元の人だったそうですね。しかも、クフモの人口は当時1万4000人ほどだったといいますから、900人というのは驚くべき人数です。

キマネン　ええ。演奏会場に隣接した隣の野球場では、フィンランド野球の試合が行われていましたが、そちらの観客は200人ぐらいでした。音楽が多くの人にとって特別な価値をもつことが十分に証明できたと思っています。その後、徐々にですが規模が大きくなり、25年目には、4万9300人もの観客が集まる音楽祭になりました。

音楽がもたらしたもの

近藤　振り返ってみると、80年代の終わりから90年代のはじめにかけては激動の時代でした。91年にソビエト連邦が崩壊し、フィンランドもその影響を受けましたね。

キマネン　フィンランドは一日にして25パーセントの外国貿易を失い、クフモでは失業率が35パーセントにも上りました。その頃、街でよく声をかけられました。「あなたがたの音楽祭が今の我々にとって唯一の希望だ。このような困難な状況の中で音楽祭を続けてくれることは素晴らしい」と。実際、音楽祭に携わることで街の人は仕事を得ることができましたし、音楽祭は物心両面で人々に希望を与えてくれました。

近藤　たとえお金がなくても、また生きるのが困難な時でも、人間というものは表現する力や創造する力をもち、また文化や芸術を味わい、その感動を生きる原動力にすることができる存在なのですね。南フランスで、クロマニョン人によって描かれたラスコーの壁画を見たときにも、それを強く感じました。飢餓や悪天候で生きるか死ぬかのような状況でも、彼らは動物の皮やチャークルを使ってあのような素晴らしい絵を描きました。人間の内面には、自分の感じていることを表現し、伝え合い、共感しあうことで精神的な充実感を得たい、という根源的な、抗しがたい要求があるのだろうと考えたのです。あの壁画は、どんな絶望的な状況においても、人間は常に表現に対するパッションをもち続け、創造的でいられるということを示しています。ですが近年、多くの人々は毎日の生活の不安にかられて、テロリズムや経済のことを懸念するあまり、人間の生活に本来欠かせない文化的、芸術的活動の大切さを忘れがちな気がします。メディアは常にテロの恐怖や経済不況などの情報で人々の不安をあおる傾向があって、その影響からか物質的なものを満たすことこそが大切だと人々は錯覚してしまっているように思えてなりません。

キマネン　まったく同感ですね。もし世界中の人々が物質主義に支配されてしまったら、人間は絶滅すると言っても過言ではないでしょう。世の中は「モノ」があふれていて、長く大切に使うこともなくなりました。2年前に買ったカメラは流行遅れとなり、替えの部品も手に入らないような時代です。それに、人間は必要以上に天然資源を使いすぎていますよね。ここで一度、私たちが生きていくために本当に大切なものは何なのか、立ち止まって考えてみる必要があると思います。

近藤　心豊かな生活を送るためにも文化や芸術は何より重要だと思いますが、文化活動に資金面の問題はつきものです。クフモ音楽祭では、この点をどのようにクリアされたのですか。

キマネン　お金のことを優先に考えてしまっては、価値ある芸術的活動はできません。私の哲学、と言っていいかどうか、もしそのように呼べるのなら、「良いアイデアがあり、心からの熱意や意志を持って活動に取り組み、それが自分のためではなく人々のためになり、幸せを運ぶことができるのなら、理解してくれる人々、支援してくれる人々は必ず現れる」と信じています。クフモの場合も、8年目くらいまでは本当にお金が集まりませんでした。けれども次第に地方自治体や政府が私たちの活動に理解を示して寄付や資金援助をしてくれるようになり、12回目で初めてスポンサーがつきました。

近藤　音楽祭の活動支援が、企業のイメージアップにつながると考えたのですね。

キマネン　ええ。また、音楽祭の規模が大きくなるにつれ、施設の充実が求められるようになりました。15日間で50ものコンサートを行うようになってきましたので、演奏家の練習や、十分なリハーサルを行うには、学校や教会だけでは会場が足りなくなってきたのです。結果的にコンサート・ホール「クフモ・アートセンター」を建てることができましたが、決して莫大な資金を必要としたわけではありません。失業率が高かった当時、100人以上の人に仕事を供給することになった建設工事は、経済的にも重要な企画だったのです。今では、音楽祭以外でも、様々な演奏会のために利用されています。ですが、これらすべての出発点は、教会での小さなコンサートだったのです。

近藤　それが、いまや大きな経済効果をもたらす文化活動に結びついている。これはとても重要なことを示唆していると思います。日本では、第二次大戦の終戦からわずか5年後の1950年に、文化的資産を守るための法律ができたのです。それによって、「無形文化財」という新しい概念が生まれ、「人間国宝」が指定されるようになったのです。これはとても画期的なアイデアです。無形のものに価値を与えるということは、まさに心の豊かさを重んじるということだと思うからです。ところが、急激な経済成長を遂げるなかで日本は経済的な利益の優先に走り、使用する人々のことや目的を考えないホールや施設を数多く建てました。見た目は立派だけれど人々の心を満たすことのない「空っぽの施設」を建設することは、経済的にはプラスかもしれませんが……。

キマネン　とても残念なことですね。ホールなどの施設は、まずビジョンが明らかになっていることが大切です。「クフモ・アートセンター」の場合は実際に施設を利用する音楽家たちがプランの検討に加わって、演奏会の構想などを具体的に話し合いました。そうすることで、どんな設備や機能が必要かということが明確になったのです。「いい演奏会をするために」という目的に向かって、アーチストもデザイナーも協力しあったのです。まず目的、次に、そのために必要なものは何かを考える。この順番は大切です。立派な施設を建ててしまってから、さあ何をしましょう、では決してうまくいきません。

近藤　ようやく日本でも、キマネンさんのおっしゃるような考え方を見習うようになってきたと思います。具体的なアイデアやプランがまずあって、そのために何が必要か考える。そのような流れがあって、2005年から東京でも「ラ・フォル・ジュルネ・オ・ジャポン（熱狂の日）音楽祭」と題したクラシックコンサートが開催されるようになりました。これは、だいたい45分くらいを一公演とし、約800人の音楽家が3日間にわたって延べ150公演を行うという企画で、フランスのナント市で誕生した音楽会「ラ・フォル・ジュルネ」の日本版です。一公演の料金はだいたい1500円ぐらい。その金額で一流の演奏が楽しめるとあって話題を呼び、初年はおよそ30万人の観客が集まりました。

キマネン　「ラ・フォル・ジュルネ」は、世界各地で同様な音楽祭の動きがありますね。

近藤　日本での開催にあたって、企画の段階で、ディレクターの方などが相談に見えたのです。そのとき私は外務省の広報文化交流部にいましたが、多くの人、特に若い人たちが気軽にクラシック音楽を聴いて、豊かな文化に触れる絶好の機会だと思い、様々な形で支援しました。キマネンさんたちからはだいぶ遅れていますが、ようやく日本も文化事業に力を入れるようになってきたと嬉しく思っているのです。

クフモの心

近藤 先ほども申し上げましたが、現代の日本社会は経済的問題にウエイトが置かれ、日々、流れてくるニュースといえば犯罪やテロ、スキャンダルなどネガティブなことばかり。メディアを非難することは簡単ですが、問題はそれでは解決しません。このような環境で精神面を充実させて創造的に生きるためには、いったいどうしたらいいのでしょうか。

キマネン 難しい質問ですね。それは日本だけでなく、世界的な問題ではないでしょうか。まず言えるのは、「芸術には時間が必要だ」ということです。日本の場合を考えてみると、日本の人たちは時間をかけて素晴らしい芸術を育んできたことが分かります。茶道、書道、生け花など、多くの修行と時間を積み重ねて、たくさんの素晴らしい文化芸術を培ってきました。現代になって経済的に豊かになっても、社会はあまりにも目まぐるしく動いていて、時間をかけて何かを作るということをあまりしなくなってしまいました。もちろん今も多くのエンターテインメントはありますが、ほとんどは一時的なもので、長く人々の心にとどまって精神面を豊かにするものではないような気がします。

近藤　まさにその通りです。アートとビジネスが混同されてしまっています。

キマネン　芸術に参加することや芸術によるコミュニケーションというのは、確かに一つのビジネスの機会でもありますが、創造そのものは別の話です。フィンランドと日本を比べてみると、土地の広さはそれほど変わりませんが、日本の人口はフィンランドの25倍です。天然資源も少ないですよね。この限られた土地で多くの人々がうまく共存すること、そして同時に芸術を創造するということは決して簡単ではないと思います。それでも日本という国はきちんと機能していますし、他人と比較的上手に共存していると私には思えます。日本の教育や仕事のシステムは、他人を尊重すること、他人を思いやることを教え、人々は常に他人や社会のために考えることを学びますね。ですから限られたスペースにこんなに大勢の人が暮らしていても、機能的な社会を作り出しているのでしょう。

近藤　そこからさらに一歩踏み出して創造的な社会を作り出すためには、もっと変わらないといけないでしょうね。日本人は、結果や成果がすぐに表れないものに対して投資をしぶる傾向があります。そういう意味でも、長年かけて成長してきたクフモ音楽祭から学ぶことはたくさんあるように思います。

キマネン　クフモ音楽祭について、私はこう語ったことがあります。「森と湖に囲まれた素晴らしい環境のなかで、音楽の本当のあり方を問い直したいと思い、スター主義とは異なる立場で、自然・音楽・人間の共存を目指しました。ここで音楽の本質を追求し、感動を聴衆と分かち合いたい」と。この考え方を私たちは「クフモの心」と呼んでいます。音楽祭の成功は、クフモの心に共感する演奏家や聴衆が増えたことによるものだと思っています。

近藤　「クフモの心」はまさに、文化交流の心です。人間の内面には自分が感じていることを表現し、伝え、共感し合うことで精神的な充足を得たいという根元的な要求があります。こうした国境や言葉の壁を越えて人間同士をつなぐもの、それは「文化」です。文化は大砲や鉄砲、つまり軍事力に代わって国を支える大きな力になります。私の考える外交官の使命は、政治や経済だけでなく幅広い視点から国際関係を見て、各国の歴史や文化、芸術、思想などを踏まえたうえで、世界の一体感を高めるために努力することです。キマネンさんが音楽家としての使命にかられて「クフモの心」を育てたように、私も外交官として、文化交流で世界をつなぎ、人々をつなぎたいと考えています。

真の豊かさを求めて

近藤　キマネンさんにもう一つうかがってみたいことがあります。クフモでは、最初の10年間はクラシック音楽のみを演奏していましたが、その後、コンテンポラリーを取り入れ、エスニックスタイルをはじめとしてベトナム、モンゴル、インド、タイなどのさまざまな音楽も取り入れられたとお聞きしています。そもそも、クラシック音楽は、ユニバーサルな音楽とお考えですか。「音楽は国境を越える」という「クフモの心」を考えたとき、文化の正統性（Authenticity）、文化の多様性について、どう思われますか。

キマネン　確かに日本はクラシックにおける大きなマーケットでもありますし、西洋音楽は今後も残っていくと思います。しかし、今日の音楽で面白いのは、あらゆる音楽の融合（フュージョン）です。フュージョンのおかげで音楽はたくさんの可能性を秘めることが可能になったと思うのです。例えば、ブラジル音楽はポルトガルのメランコリックな要素とアフリカの力強く明るい要素を含んでいます。一見まったく異なった音楽の組み合わせに思えますが、これが新鮮な音楽を生み出しているのです。同様に楽器のコンビネーションにおいても、ユニークなフュージョンが実現しています。ここ数十年だけでも音楽の形は様々に変化してきましたし、幅広いジャンルが生まれました。

近藤　文化の正統性についてうかがったのには、わけがあります。以前、私がパリで、中国大使館に招待されたオペラを見に行ったときのことです。中国人のオペラ歌手がカルメンを演じていました。とても素敵なパフォーマンスでしたし、私はそのオペラを楽しみました。しかし、一緒に見に行ったヨーロッパの友人は「あれはカルメンではない。カルメンはもっとセクシーで情熱的でなければ」と言ったのです。中国人オペラ歌手のカルメンはAuthenticではないのでしょうか。なり得ないのでしょうか。

キマネン　世界中のオーディエンスが音楽を理解するのは、「真の解釈」をもとにした演奏があるときだと私は信じています。「真の解釈」というのは、マインドとハートのコンビネーションから生まれるものです。言い換えれば、知性と豊かな感受性による解釈です。これさえあれば、誰がどこで演奏したものかということは重要ではなくなります。そして、観客が日本人であろうと、フィンランド人であろうとアメリカ人であろうと一切関係なく、伝わるべきものがきちんと伝わり、心に届くと信じています。

近藤　とても示唆に富んだご意見だと思います。私は音楽に限らず、文化について思うとき、「正統性」とは何か、「普遍性」とは何か、そしてそれらと「多様性」との関係は何かをいつも考えています。

キマネン　音楽の正統性についていえば、作曲家が音楽的思考を紙面に書き留めたまさにその創造的瞬間までさかのぼると思います。「正統性」へのアプローチを考えたとき、例えばモーツアルトは、彼の残したオペラ、つまりはっきりとしたストーリーをもつオペラを通して音楽の姿形と感情を結びつけることができるという意味で、理想的なユニバーサルな作曲家と言えるでしょう。

近藤　では、作曲家のオリジナル・アイデアとの距離がどれほどのものかによって正統性が評価されるのでしょうか。

キマネン　アイデア、ビジョン、それからエモーション（情動）がどれだけオリジナルに近いかということです。直筆の楽譜を見ると、作曲家の感情的なものがよく表れていて、見るたびに新たな発見があり、参考になります。一方で、パフォーマンスにはパフォーマーがもつ本来の文化的背景が反映されるのは当然でしょう。中国人オペラ歌手のカルメンは違うとか、良し悪しの評価にはつながらないと思います。大切なのは音楽が「心に届く」ということなのです。

近藤　伝統と歴史に裏打ちされた文化の確かさである「正統性」と、国境を越えて感動をもたらす「普遍性」、その両者が、洋の東西の交流、融合によって生まれる多様な文化のあり方を支えているのだと実感しました。真の精神的な豊かさを求めて、さらなる文化交流に尽力したいと思います。

（2008年3月1日）

第7章　音の世界　――その1

2004・8・27

小夜《さよ》には小夜のしらべあり
朝には朝の音《ね》もあれど
星の光の糸の緒《を》に
あしたの琴は静《しづか》なり

島崎藤村　「明星」『若菜集』より

東大寺での法要

「琵琶には楽譜があるのですか?」　私はまだ冷めやらぬ感動の中で聞きました。8月14日夜、奈良の東大寺大仏殿で行われた「イラク戦争万国犠牲者追悼琵琶楽法要」が終わった直後のことです。イラクで亡くなったすべての国籍の人々を弔った後、土佐琵琶が「壇ノ浦」と「花吹雪（敦盛）」を朗々と演じました。

「花吹雪」は、一ノ谷の合戦で熊谷直実が、いともた易く組み敷いた敦盛の兜をとって首を取ろうとしたとき、そのあまりに幼く美しい公達の姿に、「あしたに我子を死なしめて、夕べ人の子の首をかく」武士の因果を嘆き、戦のあと出家して、敦盛をはじめ源平合戦で死んだものすべてを弔い続けたという話です。黒を基調としながら艶やかな和服姿の奏者の黒田月水さんは微笑みながら「楽譜は無いんです」と答えてくれました。

西洋音楽の普遍性

初対面の琵琶奏者にこのような若干不躾な質問をしたのには訳があります。西洋音楽が世界に広まった理由はその合理性にあること、そしてその合理性は、十二平均律の採用と、それを正確に表現し伝達する手段として考え出した五線譜による記譜法にある、とマックス・ウエーバーが言っていることが頭にあったからです。

十二平均律とは、1オクターブ（人間の耳に最も心地よい響きをもつ和音で、音の振動比が1：2のもの）をド、レ、ミ……シの七音階と、ド#のように全音の間にある半音5つを足した計12の音程に、完全に等分しています。ひとつひとつの半音は1／2の12乗根の振動比となります。

古来各民族が音楽を合理化しようと努力しましたが、結局西洋が進めた平均律は、転調や移調が自由に行え、また西欧音楽の特徴である「和音」の自由な進行が円滑に行えます。例えば私の好きなベートーベンのピアノ・ソナタ第17番「テンペスト」はニ短調で始まる第1楽章から第2楽章は変ロ長調に転調します。そこに何の問題（音程のズレによる不快な和音など）も生じません。

十二平均律は、すべての長調・短調が演奏できるという、極めて実用的なシステムなのです。バッハは「平均律クラビーア曲集」でそれを実証しました。そして五線譜のおかげですべての音の音程と長さが正確に表現され、誰でもその譜を見るだけで音楽を再現できるのです。だからこそウエーバーは、「近代の音楽芸術作品は、われわれの楽譜という手段がなければ、生産することも伝承することも再生することもできない、またそれなしには、何処にも、またどのようにしても、そもそも存在すること自体が不可能である」と言っているのです（ウエーバー『音楽社会学』創文社１７３ページ）。

西洋音楽が世界に普及し、いまや誰でも西洋音楽を演奏することができ、どこへ行っても西洋音楽を聞くことができるのは、すなわち西洋音楽の「普遍性」とでも呼ぶべき強さの理由は、ここにあるのです。

文明開化と西洋音楽

それでは、日本音楽が五音階、すなわち1オクターブの中に例えばド、レ、ミ、ソ、ラ（琉球音楽の場合は、ド、ミ、ファ、ソ、シ）の5つの音程しかもたず、和音でなく旋律中心で、また誰もが初めての曲をひとりでも簡単に習える楽譜をもたないのは、発達が遅れた、ローカルなものに過ぎないということなのでしょうか？

そこで、「文明開化」に励んだ江戸末期・明治初期の先祖が、西洋科学技術同様「普遍性」のある西洋音楽をどのように受け止めたのかを見てみます。1860年の遣米使節（咸臨丸）は、米国船上で軍楽隊の歓迎を受け、ハワイでピアノと歌を聴いたという点では、本物の西洋音楽を最初に聴いた日本人と言えるでしょう。彼らの印象は、「音声和少ナク極メテ野鄙ナリ、聞クニ足ラズ」「犬のほゆるか如し」「大にこつけいあり」など芳しくなかったようです（『遣米使日記』など。中村洪介『西洋の音、日本の耳』より間接引用。以後「〈中村〉より」と記します）。

しかし岩倉遣欧使節になると次第に理解が進み、ボストンの音楽会を「伶人律ヲ調ス、響キ行雲ヲ遏《とど》メ瀏《りゅう》リョウタリ、万余ノ謡人相和シ、窈窕《ようちょう》トシテ白雲ヲ奏ス……」と記しています（久米邦武編『米欧回覧実記』16巻）。

明治の文豪たち

明治の文豪も、咸臨丸の使節同様、最初は西洋音楽の和声や器楽に戸惑ったものの、耳が慣れるに従ってかなりの速さでそれを評価したということができそうです。例えばあの永井荷風も「西洋の音楽は単音の日本音楽のみを聞いて居た耳では騒々しいばかりで、少しも美感を誘わなかつた。……流行唄とか……卑俗の音楽の方が却つて面白かつた。然しさう言ふ音楽は……すぐ飽きて来て、それ以上のものを要求するやうになつた。それで私は今度は純粋のオペラの方へ赴いた」と述べています（永井荷風『音楽雑談』——瀧井敬子『漱石が聴いたベートーヴェン』より間接引用）。

そして上田敏は「……よく考へて見ると、此曲の感動力は、全く和聲の妙から来てゐる。」（『うづまき』）、「異つた音が幾つか集つて一つの音調を生ずるのでなくては音楽にも妙味はない。」（『滞欧所感』）など西洋音楽の和声を完全に評価しています。彼にとってそれは文明一般にも妥当します。彼は日本人をメロディー、西洋人をハーモニーと形容した上で、「眞の文明には統一と調和とがあつて、音楽の和聲に聞くやうな綜合の美が無ければならない筈であるのに。」（『文化』）と述べているからです（これらの引用はすべて〈中村〉より）。

島崎藤村の育った環境は西洋音楽とは無縁でしたが、明治学院に入った頃から次第に関心を持ち始め、小説『春』では、上田敏をモデルにした人物、福富にベートーベンのバイオリン曲を聞いたときの感動を述べさせています。そして彼自身「音楽の美なるものは抱月子の優麗なる筆を以てしても猶其妙味を十二分に説盡する能はざるものなるべし……」（『村居謾筆』、〈中村〉より）とまで述べています。

西洋嫌いも音楽には一目

しかも、「我々は西洋の文芸に囚われんがために、これを研究するのではない」と学生に言わせて日本の皮相な「近代」を嘆く夏目漱石（『三四郎』より）や、物質文明の空虚さがニーチェなどを生んだと述べる石川啄木など、西欧文明を手放しでは評価していなかった文豪も、その音楽には魅せられたようです。例えば漱石の『野分』においては、上野の奏楽堂で、コンサート好きの中野は「声にも色があると嬉しく感じ」、また生まれて初めて西洋音楽を聴く高柳君はそこに「自由」や「心の豊かさ」を感じ、「遥かの向うから熟柿の様な色の暖かい太陽が、のっと上ってくる心持ち」をもちます。

冒頭の藤村の詩も、音楽に溢れています。西洋文明の「普遍性」は音楽に極まっているということでしょうか。それなら何故琵琶などの日本音楽はいまだに五線譜を採用しないのでしょうか？

第8章　音の世界――その2

2004・8・27

蜲《いとど》鳴く
そのかたはらの石に踞し
泣き笑ひしてひとり物言ふ

石川啄木『一握の砂』より

十二平均律の謎

前章では、十二平均律と五線譜という合理性を採用したことが、西洋音楽の普遍性の源泉と思われること、しかし非西欧で近代の導入に最も成功した日本に、その伝統音楽が残り、しかもそれが未だに五線譜を用いていないのは何故かという疑問が湧きました。西洋音楽の合理性は完璧なようで、どこか無理があるようです。十二平均律は、数学的には完璧ですが、実は自然に反するのです。

1オクターブとは、音の振動数の比が1：2のふたつの音程です（音律では音の相互関係が重要なので、振動数の絶対値ではなく、振動数の比が用いられます）。振動比が単純な整数比であればあるほど、人間の耳には協和音として響きます。最も響きの良いのは同音で、振動比1：1、その次が1：2のオクターブという訳です。そして幸いこの一オクターブは次に響きの良い二つの協和音、つまり振動比2：3である完全5度（ドとソ）と振動比3：4である完全4度（ソと上のド）に分割されます（3／2×4／3＝2／1）。同様にn／n＋1（n＋1分のn）、すなわち、いわゆる過分数を振動比の基礎としてミやラなど他の音程もつくり出せます。このようにしてできる音律を純正律といいます。しかしこの方法では、ドとレの振動比（8：9）が、レとミの比（9：10）より大きくなってしまうという問題が起こります。

もうひとつの1オクターブの分割方法は、ピュタゴラスによるものです。彼は完全5度（ドとソで振動比2：3）を重ねていくことで、他の音階をつくりました。

完全5度を2回積むとレになります（ドからソ、ソから1オクターブ上のレ）。それを1オクターブ下げれば（つまり振動比を半分にすれば）出発音ドのすぐ上のレがつくれます。こうして得られたレは純正律のレと同じです（ドに対し8：9）。

しかしこの作業では、1オクターブをきれいには割り切れません。完全5度を何回積み上げても、元のドの音の振動数の整数倍にはならないからです。数学的に言えば、あるドのnオクターブ上である2／1のn乗の音程と、同じドの完全5度の音をm回上に積んだ音である3／2のm乗の音程とが同じとなるような、整数のnやmは存在しないのです。したがって本来異名同音となる音（例えばシの#とド）が、微妙にずれてしまいます。またこうして得られたミの音が、ドに対して81／64という不協和音になってしまいます。本来5／4の協和音であるはずなのに、です。

こうした不都合から逃れるためにつくったのが、十二等分平均律です。すべての音程を機械的に2の12乗根である半音に分けたことで、音同士の振動比は実はすべて純正音程から少しずつずれてしまいますが、幸いその「ずれ」は人間の耳には判断できない程度のもので済みます。これにより転調、移調が円滑にでき、ひどい不協和音や異名同音のズレが防げたのです。つまり数学的で合理的な音楽体系をつくるため、耳にとって自然なものから若干離れたのです。

セントを用いた音律の違い──『平凡社世界大百科事典』より

イギリスのアレクサンダー・J・エリスが創案したセントという単位（平均律の半音を100とするもの）を用いると、いろいろな音律の違いが数量的に分かります。

	ハ	ニ	ホ	ヘ	ト	イ	ロ	ハ
ピュタゴラス音律	0	204	408	498	702	906	1110	1200
純正律	0	204	386	498	702	884	1088	1200
十二平均律	0	200	400	500	700	900	1100	1200

合理性そのもののもつ不自然さ

しかし日本音楽が、西洋音楽の「普遍性」に圧倒されながらもそれに吸収されず、現在まで生き続けてきたのは、西洋の合理性が完璧なものでないからというよりは、逆にそれが限りなく合理的であり過ぎるところにあるように思います。それは音程、音の長さ、拍子のみでなく、音の素材や発声法などにも言えるようです。例えば半音の幅は、雅楽、義太夫などでは平均律より広く、逆に地唄などでは狭い由です。しかもこれは明確な基準があるというよりは、流派や個人の個性による相違であり、その違い自身が一種の技巧や芸術表現であったり、「味わい」をもたせるものとして受け入れられているようです。日本音楽には各種の半音が混在しているのです。

西洋音楽では、五線譜で示される音は常に同じ絶対音高を示します。ピアノはそれに基づいて調律されます。しかし声明や謡には、迫力を出すため、音の相互の関係は維持しつつ絶対音程がゆっくり上がる「漸次上昇」があります。三味線は絶対音高ではなく、人間の声に合わせて調弦します。演奏の便のため（弾きやすくするため）曲の途中で調弦を変えます。西洋の弦楽器も演奏の便のため調弦を変えますが、絶対音高を維持しないと器楽奏ができないため、同時に移調しなければなりません（例えばモーツアルトの協奏交響曲K３６４は変ホ長調ですが、ヴィオラだけは弾きやすくするため半音高く調弦し、楽譜は二長調で書かれています）。曲の途中で調弦を変えることは、シューマンの「ピアノ四重奏曲」第三楽章のチェロなどを除き、滅多にないそうです（竹内道敬『日本音楽の基礎概念』76ページ）。

日本音楽に不可欠な非合理性

日本の歌や三味線においては、同じ音を出すに当たり、全く均一の振動数ではなく、「うなり」のような装飾が大切にされます。和音でなく旋律が主体なのでそれが可能であるし、必要でもあるのでしょう。

また日本音楽では拍も特殊です。民謡の「追分」のようにほとんど拍がなかったり、長さに長短があることが多いようです。西洋音楽からみれば「リズム音痴」でも、日本ではひとつの表現法なのです。さらに拍子についても、かなり柔軟です。『あんたがたどこさ』というまりつきのわらべうたは、男の私でも覚えていますが、五線譜によって小節毎に拍子を書くと、「あんたがた」2／4拍子「どこさ」2／4拍子「ひごさ」2／4拍子「ひごどこさ」3／4拍子「くまもとさ」3／4拍子「くまもと」2／4拍子「どこさ」2／4拍子「せんばさ、せ」2／4拍子「んばやまには」3／4拍子「たぬきが」2／4拍子「おってさ」2／4拍子、などと不規則な混在となります。

邦舞と音楽の関係にある「寸法」というのも面白い概念で、音楽の拍子の一拍と舞踊の動きが必ずしも1：1に決まっておらず、歌詞のあるところから、別のあるところまでどういう動きをするかという「寸法」が決まっているだけで、その枠の中では自由に動ける由です。能の謡と能管（笛）の「アシライ」も同様で、決まったところで始まり、一緒に終わりさえすれば途中の音の垂直の関係はほとんど問題にされません。また俗に言う「間」も五線譜には書けそうにありません。宴会などで最後の「締め」で行う三三七拍子も、とくに1回目と2回目の間の「オウ」というつなぎの「間」の取り方が西洋音楽のみで育ったひとには難しいそうです。先日ミュージカル『太平洋序曲』でブロードウェー初の日本人演出家となる宮本亜門さんの壮行会が、コシノ・ジュンコ邸で開かれましたが、最後の「締め」に当たって三三七拍子を避けたのも、その場に何人かの外国人がいたからでした。

日本音楽が西洋の規則を最も大きく超えているのが、音色ではないかと思います。西洋では歌はかならず「ベルカント唱法」に統一されていますが、日本人は義太夫と清元、謡ではすべて異なる発声法をします。楽器でも同じです。4月3日に小泉首相ご出席の下、横浜で行われた日米修好条約150周年記念式典で、アメリカ人が尺八をいわゆる「ムラ息」を使って見事に演奏しましたが、彼がそれを五線譜から習ったとは思えません。能管の「ヒシギ」や三味線の「サワリ」などの非楽音も同様、日本音楽にはなくてはならない非合理性なのです。

日本などにもあった十二平均律

実は平均律は古代中国や日本でも発見されていました。南北朝の何承天が、また1596年には明の朱載堉《しゅさいいく》が、そして元禄時代の1692年には中野元圭という和算家が十二平均律を算定した由ですが、いずれの国でも実用化されませんでした。

日本音楽が発展させてきた音のすべての要素（音階、リズム、音色など）は、そのあまりの多様性と繊細さゆえに、そのすべてを包含する日本音楽の理論体系を形成することは極めて困難でした。壮大な統一的理論を打ち立てたり、十二平均律や五線譜という合理性に押し込めるために、自然の素材からできた楽器の出すさまざまな音色や、人間の自然な感情からくる表現法を失うのは忍びないというのが日本人の感性かも知れません。自然や感性を「数字で割り切る」ことには抵抗があるのでしょう。五線譜に翻訳した途端に「義太夫らしさ」や「わらべうたらしさ」が無くなってしまいます。実はインドネシア人やイラン人など、非西洋のほとんどすべての民族もそうなのです。

それが分かりにくい、教えにくい、記譜しにくい、したがって普遍性や競争力が弱い音楽とみられる主因です。渡唐僧のひとりであった慈覚大師が帰朝の船中で、声明の節を忘れて困っていると、阿弥陀如来が来臨して節を教えたという伝説はこれを物語っています。声明には独特の譜が発達しましたが、それは五線譜とは程遠いものです（以上日本音楽については、主として小泉文夫『日本の音』（平凡社ライブラリー）と国立劇場芸能鑑賞講座『日本の音楽』によりました）。

自然音は音楽か？

また西洋人にとって音楽とは、人間がつくった芸術であり、自然の音とは区別されるのが当然と考えられているのに対し、日本人にとっては、尺八のムラ息や三味線のサワリのすぐ延長上に虫の音、風の音などの自然界の音があり、十分に「音楽」になるのではないでしょうか。

西洋音楽を愛し、自らヴァイオリンを弾いた藤村も、最後は三味線に戻った由です。そして藤村はしばしばその詩に「音」を入れましたが、その多くが「人工」ではなく「自然」の音であったことは、前章の冒頭に掲げた詩「明星」からも明らかです。啄木も多くの小動物や虫の声を短歌にしました。本章冒頭の「蛼《いとど》」は土間などの暗いところに住むカマドウマのことで、この虫は芭蕉の句にも登場します。人間のなせる業の限界に対する謙虚さと、自然との調和、多様性を重んじる日本人の文化がここにも現れているのではないでしょうか。

第9章　近代の超克?

2004・10・10

国際大会に出場するイラク選手を日本は支援しましたが、日本で強化訓練をした柔道選手がアラブ大会（9～10月、アルジェリア）で銅メダルをとりました。ボールや靴などを提供したサッカー・チームはアテネ・オリンピックで準決勝まで進みました。また外務省はサマーワ市のオリンピック・スタジアム修復のため、4千万円強の文化無償援助を行うことにしました。スポーツ外交が成果を上げています。

和音楽の復権

明治以降日本の音楽教育は西洋音楽中心でした。それは世界一流の演奏家や作曲家を次々に生み出しました。しかし最近になって、日本音楽は日本人の心に独特な価値をもっているものとしてその地位を復活させつつあるようです。平成10年の文部省中学校学習指導要領の改訂において、「和楽器については、三学年間を通じて一種類以上の楽器を用いること」が盛り込まれ、また西洋音楽を念頭に置いた「旋律と和声とのかかわり」という記述が、邦楽を意識して、「音色、リズム、旋律、和声を含む音と音とのかかわり合い」に改められたことはその象徴です。「曲種に応じた発声により、言葉の表現に気を付けて歌う」との表現もあります。

さらに「世界の諸民族の音楽における楽器の音色や奏法と歌唱表現の特徴から音楽の多様性を感じ取って聴く」とも書かれています。西欧の近代音楽が、150年を経てやっと消化され、相対化された（民俗音楽のひとつと認識された）ということかも知れません。西洋音楽の普及と和音楽の復活、両者の共存という現象は哲学、思想、政治、経済など他の分野の状況を理解する際の参考になりそうです。

音楽における普遍性

音楽の世界では明らかに8度（1オクターブ）、完全5度（ドとソ）、完全4度（ドとファ）、長3度（ドとミ）は世界のどの民族でも受け入れられ、それぞれの体系の基礎になっているようです。またソ、ラ、ド、レ、ミ、の5音階は、日本のみならずアイルランドなど各国のわらべ歌に共通しており（たとえば「蛍の光」）、さらにはこの音階には治療的意味があると主張するひともいるようです。

作曲家池辺晋一郎氏は、天才モーツアルトは「常に自然体」で、ドミソの旋律、和音をよく使っていると述べておられます（『モーツアルトの音符たち』音楽之友社）。例えば有名な〈セレナード〉ト長調K525「アイネ・クライネ・ナハトムジーク」は、ド、ソ、ド、ソ、ド、ソ、ド、ミ、ソと始まります。モーツアルトの音楽の普遍的人気の秘訣のひとつはここにもあるのでしょうか。こうしてみるとドミソの和音や旋律、5音階は音楽における普遍的価値と言えそうです。

こうした普遍的価値の上に、個々の民族が有する特殊性が積み上げられて、独特の文化をつくるということなのでしょう。西洋音楽はこうした普遍的なものを十二平均律と記譜法という合理的システムに統合し、それに和音やベルカント唱法のような独自の文化を積み上げた上で、全体を数学的に体系化したのです。その体系の見事さゆえに本来特殊西洋的なものも含めた全体が、意図したか否かは別として、普遍性の衣を被って世界に広まったのではないでしょうか。

中村洪介著『西洋の音、日本の耳』によれば、明治の文豪の多くがワーグナーに魅せられました。石川啄木の全著作中にはその名が30回も出てくる由です。浜辺で泣きながら蟹とたわむれたその後で「タンホイザー」を聴きに行くというのもぴんときませんが、ワーグナーの理論体系にすっかり圧倒されたということでしょう。

確かにピアノやオルガンのような鍵盤楽器は、調律さえしておけば叩くだけで、五線譜上にある1オクターブの12すべての半音が出せるし、交響曲も日本音楽もそれなりに演奏できるという便利さがあります。リストはベートーベンのすべての交響曲をピアノ曲に編曲しました。田山花袋の『田舎教師』には、主人公林清三が舞台となった寒村の小学校で「一人でよくオルガンを弾いた」ことなど、当時オルガンが広く普及していたことを示しています。また清三は箏の『六段』までオルガンで弾いたのです（『田舎教師』新潮文庫）。逆に日本の楽器で西洋の曲を演奏することはできません。和音楽は合理性の追求による普遍性の拡大、体系化ではなく、独自性、特殊性、多様性、自然体の重視の方向に進んだのです。

西欧の自己改善能力

西欧の強さは合理的体系のみではありません。常に自己批判を忘れず、それを通してそのシステムを、試行錯誤を繰り返しながら改善しようと努力するところにもあります。例えばマックス・ウエーバーは、ピアノによって訓練される北欧の歌手は、リュートなどの純正律によって訓練されるイタリアなどの歌手に比べて、精緻な聴覚が得られないこと（十二平均律の限界）を認めています（『音楽社会学』）。

前章で、日本人にとっては虫の声も、自然の音も音楽ですが、西洋人にとってはひとが意識的に作曲したもの以外は音楽ではないと述べました。しかしシェーンベルグの無調音楽、楽音以外の音を使う具象音楽、電子音楽などは、偶然的な要素を音楽に入れます。マリ・シェーファーは言葉や音楽以外の音（環境音）に積極的な存在理由を認め、それをランドスケープならぬサウンドスケープとして体系化しました。さらに現代作曲家ジョン・ケージは環境音それ自体が音楽でありうることを主張した由です（大橋力『音と文明』岩波書店）。

指揮者のバレンボイムは思想家エドワード・サイードとの対談で、ワーグナーは古典派の音楽においても、各旋律に固有の内容を表現するために、形式を破綻させぬ範囲で「感知できないほどの速度の変化」を主張したとのべています。例えば交響曲では、第二主題は第一主題よりも「わずかに減速させる」のです。音楽をメトロノームのように機械的に解釈することを嫌ったということです（バレンボイム／サイード『音楽と社会』みすず書房）。

日本音楽で尊重された多様性と柔軟性は、西洋音楽家もそれなりに取り入れているのです。自ら気づいた欠点や、他からの批判を自ら打ち立てた体系の中に取り込むことで、西欧は自らの普遍性を高め、その基本的価値体系を守り抜くのです。このことは議会制民主主義、資本主義システム、自由貿易制度など他の西欧文明分野についても言えそうです。明瞭で、透明で、効率的なシステムは、少しぐらい非人間的でも、その汎用性と絶えざる自己修正ゆえに世界に広がりました。

近代の超克

グローバル化で文化の画一化の懸念が叫ばれ、非西欧のひとたちのアイデンティティーの危機が叫ばれていますが、音楽での「ドミソ」のような人類普遍的なもの、いわば「common denominator（共通項）」とでも言えるものと、ベルカント唱法のような個別文化的付加価値を識別することで、ある程度整理できるかも知れません。そして文化交流は、異なる文化を知り、感化しあうことで、この共通項のレベルを上げていく機会を与えるものと位置づけることができるのではないでしょうか。

しかし政治思想や経済理論、宗教などの分野では、この「common denominator」はあまりに小さく、人類を統合する文明に発展しそうにありません。そのレベルをダイナミックに上げていき、共通文明に近づく方法はないものでしょうか。以下は昭和17年7月、京都学派の哲学者などで行われた座談会の記録です。

津村秀夫「西洋音楽の技術で日本の心を表現しようとする際の苦しみや矛盾といふものは……実は日本の映画を作る一流の人々にも通じると思ふ。……矢張り、西洋楽器といふ器に日本の心を盛らうとする時の苦しみのやうなものが出て来るのぢゃないかと、僕は今考へています。」

中村光夫「諸井さん、西洋音楽は日本人に本当に板につきますか？」

諸井三郎「それア現在の儘の西洋音楽が板につくといふことはない——とお答えしたい。然し完全に新しい音楽様式を創造し得ることができるならば、それは板につくと思ってをります。」

（竹内好『近代の超克』冨山房百科文庫）

この「完全に新しい音楽様式」で思い起こされるのが次の清水芳太郎の言葉です。

「寒帯文明が世界を支配したけれども、決して寒帯民族そのものも真の幸福が得られなかった。……本当を言うと、熱帯文明の方が宗教的、芸術的であって、人間の目的生活にそうものである。……この二つのものは……一つにならなければならないものである。インド人や支那人は、実に深遠な精神文化を生み出した民族であるが今日、寒帯民族のもつ機械文明を模倣し成長せしめることに成功していない。……どうも日本民族をおいて、他にこの二大文明の融合によって第三文明を創造しうる能力をもったものが、外にないと思われる。つまり、寒帯文明を手段として、東洋の精神文化を生かしうる社会の創造である。西洋の機械文明が、東洋の精神文明の手段となるときに、初めて西洋物質文化に意味を生じ、東洋精神文化も、初めて真の発達を遂げうるのである」(石原莞爾『最終戦争論』に引用されたもの)。

平和的共存を目指して

しかし「世界がこの次の決戦戦争で一つになる」との石原の予想ははずれました。連合軍の価値観で世界がひとつになった訳ではありません。これからも、「戦争」であれ「テロ」であれ、暴力によって世界が一つになることはないでしょう。誰もが強制ではなく納得ずくで、共通性を高め、その認識を深めていくこと、すなわち前述の「common denominator」のレベルを上げていく努力によってのみ、世界は「共通の土台に立つ多様性の集合」になるのだと思います。諸井の言う「完全に新しい音楽様式」や清水の言う

「第三文明」が達成できるほど人類は単一とは思いません。

しかし「東」から見れば、合理的体系で自らの普遍性と優越性を主張する「西」は傲慢で、感性を尊ぶ「東」を理解せず、学ぶ意思がないと映ります。バレンボイムが「彼（ワーグナー）が犯した誤りの一部は、やや過剰なゲルマン気質によって、音楽の感情の領域にあるものを系統化しようとしたことにあるのだろう」と述べていることは、示唆に富むものです（バレンボイム／サイード『音楽と社会』）。

また加藤周一はアンドレ・マルローに対し、「普遍的な概念を把握し、理解するには知性に訴えなければならない。だが、……知性だけでは「感性の国」日本に近づくことはできない」と述べています（M・テマン『アンドレ・マルローの日本』）。

他方「西」から見れば、「東」は植民地化された感情的な恨みや劣等感から、進歩に遅れた責任を「西」に転嫁し、西洋が行ってきた自己批判を誇張して、西欧近代主義を真っ向から否定する精神主義的優越論を掲げて、為すべき「改革」から逃げていると映ります（例えばIan Buruma & Avishai Margalit, Occidentalism, The Penguin Press, 2004）。真の実のある対話と協力は容易ではありません。

しかし諦めてはなりません。今こそ真剣で粘り強い努力が必要です。世界一流のクラシック音楽家を輩出しつつ、和音楽を復活させた日本は、その「場」をつくることに貢献できるはずです。その理由を理屈で説明できなくとも構いません。音楽評論家の吉田秀和氏でさえ、「西洋の音楽と私たちのそれと、この二つのものの底にある根本的な違いはどこから生まれたのか？　どうして私たちは、その両方を楽しむことができるのか？　何回戻ってきて、想いをいたしても、つきない興味をそそる問題である」と述べておられるのですから（『千年の文化　百年の文明』海竜社）。

第10章　アジアとは何か

2005・1・4

Season's Greetings　謹んで季節のご挨拶をさせて頂きます。

最近めっきりこの挨拶文が増えているように思います。相手の宗教や習慣を問わず、また最近身内にご不幸のあった方々にもお届けできるものだからでしょう。キリスト教のみならず、ユダヤ教徒や旧正月を祝う中国系の人々などが混在するアメリカではかなり前からありました。世界の誰にでも通用するということから、グローバル化の下で広がっているのでしょうが、若干味気ないのも事実です。世界に普遍的に妥当し、便利な基準（文明）を求めれば求めるほど、地方独自の文化・伝統の味が出せないというジレンマに直面するということでしょうか。

小泉総理の私的懇談会

2004年12月7日、総理官邸において、「文化外交の推進に関する懇談会」第一回会合が開かれました。総理の下で文化交流を論ずる有識者懇談会としては、竹下内閣（1988〜89年）と細川・羽田内閣（1993〜94年）に次ぐものです。憲法や教育基本法の改正など、国家の大計を論じていく今、改めて日本国民にとって文化の持つ意味、それが外交面で果たす役割を論じ、国民と共に考えていくのは時宜を得ていると思います。法政大学大学院特任教授の青木保教授を座長とし、総理のご指示で外国籍の方々を含む学界、文化・芸術、スポーツ分野で活躍中の多彩な人材に加わっていただきました。春に報告書が出される予定です（官邸ホームページ http://www.kantei.go.jp/jp/singi/bunka/ 参照）。

東アジア共同体構想

今年、2005年の12月、マレーシアで初の「東アジア・サミット」が開催されます。EUやNAFTAの拡大・深化が進む中、首脳たちが最近急速に浮上している東アジア共同体構想についてどのような話をするか、世界の関心も高まりつつあります。東アジアの範囲は未定ですが、仮にASEANと日中韓の13カ国としても、その歴史、文化、宗教、政治体制、経済の発展段階いずれをとっても極めて多様です。東アジアの文化的アイデンティティーが不明確なまま、EUのように、貿易や金融などの機能を中心として「共同体」がつくれるのか否かには大きな疑問があります。

そもそもアジアとは一体何なのでしょうか。二つの問題があるような気がします。ひとつは、アジアという概念がヨーロッパ人によって作られたものであるとともに、その対象範囲が変化してきたことです。「アジア」の語源は、アッシリアの碑文にある「asu（日いづる所）」が転訛して「assia」になり、それがギリシャに伝わって「Europa」に対する「Asia」になった由です。しかし今使われている地理的意味でのアジアという語はマルコ・ポーロの『東方見聞録』（13世紀）にはなく、16世紀前半になって初めて地図に現れるとのことです。

したがって「オリエント」と同様、「アジア」は西欧人が自分以外の他者としての文明を指したもので、一種の「負」の表象（非合理的、神秘的、停滞など）であったとみることもできます。もちろんそうしたステレオタイプに与しない知識人もいました。例えばデカルトは、「おそらくペルシャ人のなかにも支那人のなかにも、フランス人に劣らぬ賢者が存在するであろう」と述べ、パスカルは、「貴下は『支那は明瞭を欠く』と主張される。

しかしながら『支那は明瞭を欠くかも知れないが、発見すべき明瞭さが存在している。この明瞭さを発見し給え』と御答えする」と述べています（後藤末雄『中国思想のフランス西漸』）。しかし欧米にとってアジアは基本的に「他者」でした。そしてアジア人にとっては、西欧からの侵略の危機に立たされるまでは、自分たちの地域が「アジア」という意識はなかったはずです。

しかし歴史的経緯や、諸々の学説はともかく、最近アジア人が自らを単に「西欧ではないもの」という否定的なものとしてではなく、主体的な存在として認識し、漠然としてはいるもののアジア的価値観なるものを語るようになってきたのではないでしょうか。ではアジア人が共有する価値とはどのようなものでしょうか。

西洋思想の特徴として鈴木大拙は「二元性」を挙げています。これに対して彼は東洋の思想は二つに分かれる前の「渾然として一《いつ》」の状態にあると言っています。荘子の「混沌」に当たるそうです（『東洋的な見方』）。

「アジアは一つ」と述べる岡倉天心は、「究極普遍的なるものを求める愛」が「すべてのアジア民族に共通の思想的遺伝であり、かれらをして世界のすべての大宗教を生み出すことを得させ、また、特殊に留意し、人生の目的ではなくして手段をさがし出すことを好む地中海やバルト海沿岸の諸民族からかれらを区別するところのものである」と言います（『東洋の理想』）。

しかしこれらはいずれも哲学的、抽象的過ぎてよく分かりません。

アジア文化協力フォーラム

２００４年11月中旬、香港で「Asian Cultural Cooperation Forum（ＡＣＣＦ）」の第２回会合が開かれました。東アジア各国から文化大臣クラスが参加しましたが、注目されたのは中国の孫家正文化部長が、地方の省の文化担当責任者22人を率いて参加したこと、そしてそこでのテーマのひとつが、来るべき東アジア共同体形成を念頭に置いた、アジア共通の価値観の再認識だったことです。そこで中国は「古き国際的文化秩序」に代わる「公平な、新たな文化的秩序」確立の必要性を説き、世界に貢献すべきアジアの重要な価値として、対決でなく「対話」、孤立でなく「相互作用」、反発でなく「寛容」、相互尊重、平等、調和的共生、多様性の中の一体性などを説いたのです。これが中国が考えるアジア的価値なのでしょう。

西洋的合理主義と東洋的思想を二項対立的にとらえること自体「西洋的」の誇りを免

民族、文化の特性比較

合理主義 —	非合理、非常理の受け入れ
効率性 —	無駄の効用
分析的 —	直感的
要素還元的 —	ホーリスティック
白黒、善悪を はっきりさせる（二元論） —	あいまいの美（灰色、多元論）
理性的、理論的 —	感性的、感情的
単純化 —	複雑さの受け入れ
進化論（進歩史観） —	棲み分け論（共生）
自然は克服すべき他者 —	ひとは自然の一部
直線的進歩 —	輪廻、循環、振り子
個人主義 —	家族主義、集団主義
競争主義 —	協力主義
独善的 —	奥ゆかしい
偽善的 —	偽悪的
絶対主義 —	相対主義
一神教 —	多神教
正義 —	平和
科学主義 —	神秘主義
専門性重視、分業、 アウトソーシング —	総合的教養重視、一貫作業
欲望発散型 —	欲望抑制型
訴訟社会 —	三方一両損
ルール —	マナー
父、男性的 —	母、女性的
知識 —	知恵
人工的 —	自然の維持
左脳使用 —	右脳使用
二項対立 —	複雑な中間の存在容認
定量的評価重視（量） —	定性的評価重視（質）
短期指向 —	長期指向
変化を尊ぶ —	連続性重視
正邪の別をはっきりつける —	安定と寛容
画一化 —	多様性の受容
Revolution —	Evolution

親しみを感じる国・地域

(電通「価値観国際比較調査」1996年より)

アジアの主要国での世論調査の結果です。多くのアジア諸国が、アジアの特に中華系の国に親しみを抱いているのに対し、日本人にとって最も親しみがもてる国はアメリカとイギリスなのです。

	日本	中国	タイ	シンガポール	インドネシア	インド
1位	アメリカ	香港	中国	マレーシア	マレーシア	日本
2位	イギリス	シンガポール	フィリピン	香港	日本	シンガポール
3位	中国	台湾	マレーシア	インドネシア	シンガポール	アメリカ

れませんが、敢えていろいろな場で感じた両者のアプローチの違いをリストに列挙してみました（前ページ表参照）。左が西洋的思想、右が東洋的思想です。実際はいずれの文化にも両方の要素があり、また個人の中にも両方の要素が混在しています。それぞれの項目を両端にもつスペクトラムとすれば、西洋人は比較的左寄りで、東洋人はおしなべて右寄りと言えるのではないでしょうか。アジアのアイデンティティーを考えるときの何らかのヒントになるかも知れません。

アジアにおける日本の特殊な位置

アジアとは何かを考えるときのもうひとつの問題は、アジアの価値に対する日本人の複雑な立場です。１５０年前「西欧の衝撃」に直面した日本は、植民地化を免れるためのアジアの団結を説きつつ、切迫した状況の中で、結局自らを「先進的西欧」にみたて、「遅れたアジア」を支配するという構図をとることになりました。しかしそれは福沢諭吉が言ったような完全な「脱亜入欧」ではなかったのです。

これがその後の日本人のアイデンティティーに微妙な影を落としているのではないでしょうか。孫文が神戸における講演で話した有名な言葉「日本は世界文化に対して西方の覇道の番犬となるか、はたまた、東方王道の干城となると欲するか」（1924年）は、今でも重い問いかけです。そしてこれは日本人の意識調査にも現れています。いわゆる「歴史問題」と裏腹のこの点は、日本が東アジア共同体のイニシアティヴをとっていくに当たって、十分に念頭に置かねばなりません。さらに日本の安全が米国との緊密な同盟によってこそ最も安定的に確保されているという現実もあります。

総理の懇談会がこの問題を考える際のヒントを与えてくれることを期待します。

第11章　文明間の対話は可能か？

2005・6・20

われは知る、テロリストの
かなしき心を——
言葉とおこなひとを分ちがたき
ただひとつの心を、
奪はれたる言葉のかはりに
おこなひをもて語らむとする心を、
われとわがからだを敵に擲げつくる心を——
しかして、そは真面目にして熱心なる人の常に有つかなしみなり。

はてしなき議論の後の
冷めたるココアのひと匙を啜りて、

そのうすにがき舌触りに、
われは知る、テロリストの
かなしき、かなしき心を。

石川啄木『ココアのひと匙』（講談社文芸文庫）

文明の衝突と9・11事件

世界には約200の国と、約3000の異なる文化があるそうです。ハーバード大学のS・ハンチントン教授の『文明の衝突』論（1996年）以来、異なる文明とりわけ一神教たるキリスト教文明とイスラーム文明の間では、妥協は成立せず、衝突あるのみといった思考が広がりを見せました。

これに対し、異なる文明の間では「対話」が成立し得るし、その努力を強化しなければならないという議論が沸き起こりました。イランのハタミ大統領の提唱で国連は2001年を「文明間対話の国連年」と名づけ、以来世界で様々な「対話」の試みが始まりました。その直後に9・11事件が起きたのは皮肉です。私は最近ユネスコ関連のいくつかの「対話」に出席してみました。

本来「対話」とは「説得」や「折伏」ではなく、相手の言うことに耳を傾け、さらに自分の主張を変える用意がなくてはいけません。しかしこれまでの「対話」では、相手の話を辛抱強く聞くところまではいっても、自分の立場を変えることまで考えていません。その典型的なものが「近代化」についての考え方です。第5章でもご紹介したように、世界には、人類の目指すところはひとつで、そこに至る進歩は一本道であるとの考え方、目的地はひとつでもそこに至る道のりは国によって異なるとの立場、さらに文明の生態史観のようにそもそも目的地は同一ではなく、各自が他の影響を受けつつも自らの道を歩むという考え方があります。「対話」はここまで来るといつも壁にぶつかって先へ進まなくなります。

若者は何故テロに走るのか?

欧米は一般的に言って第一の立場に近いと思われます。その裏には見事に体系化された「近代合理主義」があります。この体系はそれ自体が強い理念の力をもち、西欧は勿論、日本のようにそれをいち早く、かつうまく取り入れた国も近代化に成功しました。この実績が、この理論の「普遍性」の証となり、欧米の自信を強めました。このように成功したものにとっては、えてして「対話」とは相手に成功のモデルを教えてやるもので、変わるべきは相手であって、相手に変わる意思や能力がないなら、対話は時間の無駄と映りがちです。

第二、第三の立場をとるものにとっては、歴史、文化、宗教、民族紛争などの制約要因の中で自分なりに近代化に努めてきたが、加速する一方のグローバリゼーションの下で欧米的システムがそのままの形で世界の基準となり、それに合わせられぬ自分達は、ただ広がるばかりの格差の前になす術もないと感じます。しかもかつては世界のリーダーの地位にあったと自負する国の人々の間には、自分達は欧米の植民地主義によって収奪され、その結果出遅れたことが今の問題の根源にあるとの「集団的記憶」や屈辱感が根強く残っています。

彼らにとっては、「対話」とはあくまで支配者が相手の立場を理解し、寛大な支援につなげるべきものです。従って行き詰まると、結局相手は自分の文化に基づくモデルを押しつけることしか考えないのであり、相手にとって対話はジェスチャーに過ぎないと受け取ります。そして国際社会は強者が支配し、こうした不正義を対話によって正すメカニズムがないという絶望感に導かれ、それが時として宗教上の扇動者に利用されてテロへと駆り立てられるのではないでしょうか。

啄木に冒頭の詩を作らせたのは、こうした弱きものの「言葉」即ち「対話」への絶望感と、「おこなひ」に訴えざるを得ない心の葛藤への同情だったのでしょう。

宗論

昨年京劇の『西遊記』を観ました。そこでは老人に化けて出現した妖怪を懲らしめようとする孫悟空に対し、三蔵法師が「たとえ妖怪だとしても改心を勧めるべきだ」と強く諭す場面があります。それにも拘わらず「妖怪を退治しなければ、経典求めがたし」として妖怪を打ち殺した孫悟空は、仏の道に反したとして破門の憂き目にあいます。最後は白骨精《はっこっせい》という妖怪につかまった三蔵を救うことで無事許されます。単なる平和主義、対話主義だけではかえって悪をはびこらせてしまうことの教訓でしょうが、現在世界にある「対立」の当事者たちはみな、相手には相手の事情があることを知らず、または国内政治上の要因でそれを知らぬふりをして、相手のことを、一方的に暴力（経済支配やテロなど）に訴える妖怪、対話の余地なき敵とみたてているとしか思えません。しかし人間はみな妖怪なのでしょうか。

言い換えれば「対話」は所詮強きもののジェスチャーか、弱きものの時間稼ぎであり、対立を確認し、強きものの支配を正当化するだけで、問題の解決に導くことはないのでしょうか。日本人は伝統的に対立を乗り越える寛容さと知恵を備えてきたように思います。

例えば狂言の『宗論』では浄土宗と法華宗の二人のお坊さんが旅で一緒になります。話しているうちにお互いが異なる宗派の僧侶であることが分かり、早速自分の宗派こそが正しいと口論（すなわち宗論）を始めます。

翌朝お勤めの時間になると、お互いが自分の念仏を唱え始め、念仏合戦になり、興奮して踊り出してしまいます。ところがふと気がつくと、お互いに相手のお経を唱えているのです。二人ははっと悟ります。所詮どちらもお釈迦さまの教えから発したものであり、自分の宗旨こそが優れているなどと主張することは愚かしいと。

プサントレンの先生たち

この話は仏教という多神教ゆえの寛容さと開かれた心を示すものであり、キリスト教やイスラーム教のような一神教では、対話といっても所詮相手を説得して改宗させる手段にすぎないのではないかという反論もあり得ましょう。答えの代わりに昨年（２００４年）のあるエピソードをご紹介しましょう。インドネシアにはプサントレンという、私立のイスラーム寄宿塾があります。外務省は昨年秋、インドネシア各地のプサントレンの校長先生、教頭等10名を日本に招待しました。２週間にわたって日本の高校の視察や、京都や奈良見学をアレンジしました。私もオフィスでお茶を点てながら、日本人の伝統的な精神文化を紹介しました。日本を発つ日、印象を聞かれた団長さんがこう言ったそうです。「日本には、インドネシア以上にイスラームの教えが根付いていることを知って感激した」と。我々は当初、敬虔なイスラーム教徒の先生方は、初めて日本を見て、きっと日本人は無宗教と知って心の中でばかにするだろうと密かに心配していました。しかし実際は日本人が大切にしている自然への慈しみ、他人を敬う気持ち、和の精神に共感したのです。わずか2週間の滞在で、彼らは日本人の精神の真髄を感じ取って親近感を覚え、我々もまたイスラームが、日々の報道から連想する過激な原理主義ではなく、我々と同じ精神的価値観を基盤としていることを教えられたのです。

今年の3月には天台声明の一行がロシアのサンクトペテルベルグの教会で現地の合唱団とコラボレーションを行いました。最初教会側には宗教性をめぐって躊躇があったようですが、ロシア正教の荘厳な教会で、仏教の僧侶の厳かな声が響いたとき、その場にいた者は宗教の奥義を超えた、何か共通のものを感じたようです。

これらは、政治や宗教の権力が介入しない限り、ひとには異なるものとの間に「響きあうもの」を見出す能力、否、情熱さえあることを示しているように思います。

世界文明フォーラム

こうした力や情熱がすべての人間に備わっているのなら、どうすればそれが十分に発揮されるのでしょうか。『宗論』に現れているように、またプサントレンの先生方が感じたように、日本の精神的価値観には寛容さなど普遍的側面があるなら、日本は日本らしい方法で対話の場を提供し、世界を共通の価値観を分かち合えるひとつの文明圏へと発展させていくことに貢献するべきではないでしょうか。

こうした問題意識の下で、この7月に21世紀の人類のあるべき文明を話し合う「世界文明フォーラム」が開催されます。これまでの「文明間対話」と異なり、イスラーム文明など特定のグループを念頭におかず、また世界には複数の文明が並存し、衝突するという前提はとりません。何が近代化の正しいモデルかといった議論もしません。文化や民族は異なっても人類は協同して皆が公正と感じる文明をつくる努力をすべきであり、そのために政府とビジネス、市民社会はどうやって協力すべきか、市場経済制度など人類が発見した合理的メカニズムをいかにして人間開発のために活用するか、世界の若者の心をつなぐための芸術の役割は何かなど、人間を妖怪の立場に追い込まぬ方策を話し合います。

ノーベル経済学者アマルティア・セン教授や、『歴史の終わり』で有名なフランシス・

フクヤマ氏など世界の約15カ国から様々な分野の有識者が集います。小泉総理も4月のアジア・アフリカ会議の演説でこの会議の開催に言及頂きました。日本が世界の叡智を集めて21世紀の文明を語る場を提供しようという試みなのです。

このフォーラムの準備を続けていたこの2月、オペラ・シティーで鮫島有美子さんのオペラ『夕鶴』を観ながら、ふと疑問が湧きました。フォーラムが目指すように、対立を超えて世界をひとつの文明に近づけるということは、みなが妥協を余儀なくされ、自分の純粋な文化を保持できなくなることを意味するのでしょうか。物質欲というある意味で普遍的な欲望に染められた与ひょうのために、最後の二枚の布を織り、羽根を使い切ってしまったつうは、あまりに純粋であるがゆえに、結局ひとりで空へと戻らねばならないのでしょうか。

第12章　みやびと鄙《ひな》び

2005・7・15

あしひきの　山にしをれば　風流《みやび》なみ　我がするわざを　とがめたまふな

『万葉集』巻四「新潮日本古典集成」

山がつめきて生ひ出でたれば、鄙びたること多からむ。

『源氏物語』玉蔓「新潮日本古典集成」

「愛・地球博」効果

日本経済が全体として徐々に回復の兆しを見せているものの先行きがはっきりしない中で、地方が元気を出そうとしています。新聞や雑誌、NPOの機関誌などで、最近頻繁に地域の活性化の動きが報じられています。その代表が名古屋です。愛・地球博が始まった直後の3月30日、ワシントン・ポスト紙が「日本の都市、クールでないことがかっこいいと気づく」と題して、名古屋の好調な経済に注目が集まっていると報じました。早速日本の新聞がこれを報じ、社説にまで取り上げられました（2005年4月3日日経）。英国エコノミスト誌も続きました。6月24日に国際博覧会協会（BIE）が、愛・地球博は「博覧会のもつ意義を改めて世界に発信した」などとして、名古屋を賞賛する決議を満場一致で採択したことも特筆すべきことです。

重要なことは、こうした名古屋の好調が決して万博や中部国際空港建設という大型プロジェクトのお蔭だけではないということです。節倹や顧客の視点に基づくモノづくりなどの地元の特徴が機能したということがこれらの報道のポイントです。

そして名古屋以外の街や地域も、それぞれ独自の工夫をして活気を取り戻そうとしています。それはいずれも従来型の大型公共事業によるものでなく、地域の自然や文化の価値を再認識し、発信していこうという運動です。伝統芸能、伝統工芸、武道、児童画、折り紙、子守唄、古武道、昔話など枚挙に暇がありません。地元の自然の美しさをアピールする最も効果的な方法は、ユネスコの世界遺産に指定してもらうことであるとの考えから、最近地元の景観を世界遺産に登録しようとの運動が盛んです。現にこれまで世界遺産に登録された自然や文化遺産が、観光客の増加など地域活性化に役立っているようです。

「プロジェクトええじゃないか」

地方に住む外国人が最も惹かれるものは「祭り」です。日本人自身もその重要性を再認識しつつあるのか、最近、郷土の祭りの記事が多く見られます（朝日新聞の「祭り紀行」など）。しかも祭りには、次第に核家族化し、地域の結びつきが希薄になりがちな各地において、家族全員がその準備や後片付けのために協力する機会を与え、それが災害などのときに必要な地域のネットワークを養成してくれる効果があるという識者もいます。

地域から発信する文化は、伝統モノばかりでなく、現代美術なども含まれます。昨年十月にオープンした「金沢21世紀美術館」はその典型です。

そのような運動で興味深いのが、「プロジェクトええじゃないか」です。俳人の黛まどかさんが同志とともに始められたもので、俳句を地方に広めながら、地方の伝統、風習などの魅力を掘り起こし、元気を回復させようとするもので、この夏に岩手県の葛巻町《くずまきまち》でスタートし、全国の地方に広めていく予定だそうです。この「ええじゃないか」という命名に興味をもちました。何故ならたまたま日本社会の現状を考えながら、ふと江戸末期の「ええじゃないか」運動のことを考えている矢先だったからです。社会不安や世直しの予感などが共通しているのでしょうか。

旅行雑誌なども、地方の「鄙びた温泉」などの魅力をしきりにアピールしています。この地方ブームともいうべき現象は何故起こっているのでしょうか？

「みやび」と「鄙び」

中国から学び、それを意識しつつ律令国家として日本統一を進めている奈良時代以降、日本では都風であること、すなわち「みやび」は絶対的な価値でした。越中守に任ぜられた大伴家持は、都と鄙の文化的落差を自覚し、宴や和歌により「都ぶり」の実践を通じて、鄙＝越の国を「王化の徳に浴する地」に変えていこうとした由です（多田一臣『古代文学表現史論』）。

「みやび」は、「宮廷ぶりとしての宮人貴族の自負や文化的価値観に発して都市的文化の規範的側面を持つ」とされたのです（古橋信孝他『都と村』）。冒頭の万葉集の歌（因みに「みやび」を名詞で使っている『万葉集』唯一の例）にもあるように、「みやび」でないことは恥ずかしいことであり、地の果てで勤める防人たちも無理して「みやび」の象徴としての和歌を詠んだのです。しかし「みやび」は次第に多くの内容をもつようになり、「華美に走らず、素朴でもなく、その中間の洗練された情緒的な、美的理念」となったのです（『時代別国語大辞典上代編』）。

他方「鄙び」という言葉は、万葉の時代にはなく、また古代は冒頭に挙げた『源氏物語』の玉蔓の一節のように、あくまで田舎臭く、やぼったいことを指しました。そこに積極的な価値が与えられるようになったのは、かなり後になってからと考えられます（もっとも上記多田氏によれば、大伴家持は越中という「鄙」の自然についての感動を、直截に歌として詠んだ由です）。社会が統一され、安定が確保され、新たな流行すなわち「みやび」への憧れが終わると、ひとは地元の魅力に戻り、そこに安らぎを感じるようになるのでしょうか。文化が熟成されると「侘び」や「さび」のように、鄙びに通じる概念が粋として評価されるようになるのかも知れません。

そうであるとすれば、現在の地方ブームは、バブル経済の崩壊で半世紀ぶりに立ち止まった日本人が、戦後の東京一極集中体制の下で、経済復興とグローバル・スタンダードへの対応をそれなりに達成したことを認識すると共に、その疲れを癒す何かを求め始め、里帰りや、「鄙びた温泉街」、純粋でやさしい地方伝説や昔話などに惹かれる様になりつつあるということなのかも知れません。

またこれまでの地方の生き方は、東京をモデルとし、いわばミニ東京をつくることでした。それは近代的で効率的な都市をつくることには適していたかも知れませんが、そうしたやり方では「地方にできるものは地方に」という時代に中小の地域が勝ち残ることはできません。その地方独自の文化的付加価値をつくることが重要です。そうした事情が、国民の求めるものとマッチしたのでしょう。

しかしここに二つの興味深い現象があります。

世界に直接発信する地方文化の魅力

第一は、地方活性化の動きが狭義の「地方」に限ってはいないことです。現代「みやび」の中心である東京でも、様々な地域の魅力おこしが始まっています。美術館の伝統的コンセプトを破った森美術館をもつ六本木の再開発もそのひとつです。「江戸の坂」（朝日新聞）や、「のんびり江戸散策」（産経新聞）といったシリーズものが新聞を賑わし、花火、浅草や駒込のほおずき市、入谷の朝顔市、緑や川辺がもつ「ふるさと性」を取り戻そうとの運動などが報じられています（2005年6月23日東京新聞）。「目白バ・ロック音楽祭」や東京の国際フォーラムで開かれた音楽祭「ラ・フォル・ジュルネ」も大成功のようでした。千代田区も廃校や港跡を利用してアーチスト・イン・レジデンスを作る計画のようです。文京区の光源寺では、最近ほおずき市（千成り市）が復活したそうです（2005年7月7日読売新聞）。政治的スタンスをますます異にする各紙も、東京の「鄙び」の魅力を報じることにおいては一致しているようです。

さらに興味深いことは、地方がその文化を発信する際に、時として東京を経由しないで直接世界と結ぶことです。富山のアマチュア劇団は60回以上の海外公演をしたそうです（2005年3月28日、日経新聞）。東京一極集中に慣れている者にとってはこれまで考えられなかったことです。去る5月、中国の友人が愛・地球博のナショナル・デーに政府代表団の一員として参加すると聞き、それでは東京で朝食でも一緒にとろうと誘ったら、「残念ながら今回は東京には立ち寄りません」と言われ、一瞬戸惑いました。彼が中部空港から日本を発つということは考えてもみなかったのです。「文化」も東京経由の必要はなくなったのです。この現象が文化外交にとって何を意味しているのか、さらなる勉強が必要です。

第13章　世界はフラットな「つながり」

2005・7・17

コロンブスは王と王妃に、世界は丸いと報告した。そして彼はこのことを最初に発見した男として歴史に残った。私は家に戻り、私の発見を妻だけにこっそり囁いて打ち明けた。「お前、世界はフラットだと思うよ」

(Thomas Friedman, The World is Flat, 2005, p.5)

ヨーロッパで始まった創造都市理論

前章のテーマである、地方都市による文化を使った再生運動は、実は1980年代の欧州にその起源があるようです。スペインのビルバオや、オランダのアムステルダムがその代表です。フランスのナントが10年程前から始めたクラシック音楽祭「ラ・フォル・ジュルネ」が大きな成功を収めたことは第2章で触れました。フランスの『l'Expansion』誌の5月号は、マルセーイユなどパリから離れた地方都市群こそがフランス経済の未来を担うと述べています。7月13日のル・モンド紙も、トゥールーズなど67の地方都市がフランスの競争力の極になっていると報じました。

アメリカではピッツバーグなど90以上の都市が芸術・文化振興を都市活性化政策の中心に据えているそうです（杉浦勉「ニューエコノミーと文化力」『世界経済評論』２００４年9月号）。

こうした欧米の運動はやがて理論化され、「創造都市」という概念が学者によって提唱されました。欧米の学者が先んじました。チャールス・ランドリー（Charles Landry）の『Creative City, 2000』や、リチャード・フロリダ（Richard Florida）の『Cities and the Creative Class, 2005』などです。

地方の魅力の再発見の努力を鼓舞するため、その経済効果を計ろうという動きもあります。先駆者はまた英米の学者ですが、日本でも大学や研究所でいくつかの試みが始まりました。

こうした地域の活性化が世界的に始まったのは何故でしょうか。グローバル化の下での競争では、国民が束になってかからなければ、外国に太刀打ちできないはずです。だからこそ一時は各国ともグローバル化を進めるため、アメリカモデルのミニ版になろうとしたのです。そして地方都市はミニ首都を目指しました。アメリカを頂点とし、首都をその下の頂点のひとつとし、さらにその下に各都市がありました。

グローバル（アメリカン）・スタンダードは流行、「憧れ」の的であり、誰もが真似ようと思った一種の「みやび」だったわけです。そうしなければ競争に負けるという強迫観念もありました。

しかしグローバル化がある段階に達すると、かえってひとびとを地元へと回帰させているようです。新しい文化と出会い、ぶつかり、その一部を吸収し、改革を進めた後は、これまでの「背伸び」や改革への「疲れ」が出始め、元の世界、つまり住む地方に戻るのです。


しかしこうした「鄙び志向」は、単なる内向き、癒し探しではありません。「みやび」と「鄙び」は二者択一の概念や絶対的なものととるべきではありません。普遍的価値と地方の魅力は、相互に影響しあいながら、発展していくものなのです。

しかもこれは世界、国家、地方の間で複雑な作用をします。世界を支配するグローバル・スタンダードは、ある時は国家主導で（たとえばコーポレート・ガバナンスの立法）、他の時は直接（例えば文化・芸術）地方の住民に届きます。そして地方の文化力は、しばしば直接世界に発信されますが、それが国家や統合された地域を踏み台にすることもあります。ＥＵ（ヨーロッパ連合）はその典型です。欧州人にとっては、自分が住む地方、国、ＥＵ、そして世界が、重層的につながっています。

例えばフランス人は「みやび」たるグローバル化に必死に対応してきました。そして超国家統合を目指すＥＵも「みやび」ですが、アメリカナイゼーションを脅威と感じると、ＥＵは逃げ込むべき「鄙び」となります。フランスという国家も同じで、首都パリはあこがれと緊張を孕む「みやび」ですが、ＥＵによる改革、統合があまりに過激に進むと、ほっとする「鄙び」になります。そしてパリは時として競争が激しく、あまりに国際都市化し、肥大化したので、フランス人の郷里への回帰を促します。東アジア共同体も、いずれこのような国と世界の仲立ちをするような機能を果たす時期が来るのでしょうか。

世界はフラット

市場経済の成熟と最近のＩＴの発達は、こうした市民の心理的流れに大きな影響を与えているようです。個人が豊かさと自由を謳歌し、ＩＴが発達した今日、ひとは個人として世界と結ばれます。その結果、社会や組織の統治形態も、これまでのようにひとが上下に位置するピラミッド型から、水平につながるネットワーク型に移ります。冒頭に引用した『ニューヨーク・タイムス』のコラムニスト、フリードマンが言うように、世界はフラットになったのです。

「フラット」になるということは、まず「鄙び」の価値を増します。ピラミッド型の支配から自由になったことは、市民一人ひとりにこれまでにない「中心からの自由」と能動性を与えます。ここでは国家はすべての問題を解決してはくれません。個人の選好が多様化し、特定の問題に対して様々な意見をもち、商品が差別化を迫られる中、国家は市民の日々の要望に応えるにはあまりに大きすぎます。安全と豊かさが一定のレベルに達すれば、国防やマクロ経済政策を司る中央政府よりも、迅速に行動し、自分の趣向にきめ細かく応えてくれる地域の方が重要になるのは当然です。内閣府による「地域再生に関する特別世論調査」（2005年6月）では、地域再生のために中心となって活動すべき人々や団体として、「国」を挙げたものは17・8%に止まり、「住民一人ひとり」47・5%、「地方公共団体」37・8%となっています。

「フラット」は同時に、その言葉が示唆するように、横のつながりの重要性も意味します。自分が個人として自由になり、地元に籠っても、全くひとりであるということは、底知れぬ不安を与えるものでもあります。「人間にはもともとふたつの相反する欲望がある。自由で、合理的で、普遍的で、開かれた人間関係へのあくなき要求と、安定的で、非合理的で、特殊で、閉ざされた人間関係への帰属を求める感情である」（拙著『パリ　マルメゾンの森から』２００５年　１１２ページ）からです。

最近パネリストとして招かれた「情報メディア学会」で、ある若手研究者が、大学レベルの研究プロジェクトとして、地方の市民に発信させ、メディアとはどういうものかを体験させ、メディアの役割と限界を理解する、いわゆるメディア・リテラシーの教育を試験的に行っているとの発表がありました。興味深いのは、そこでのキーワードが個人と個人、地方と地方の「つなぎ」であったことです。

キーワードは「つなぎ」

先日アスジャ・インターナショナルという、東南アジアからの留学生の集まりでスピーチをしたシンガポールの学生が、日本の文化の素晴らしさを説いたあと、最近は「勝ち組」か「負け組」かでひとを判断する傾向があるが、「満足組」か「不満組」かで判断すべきである、自分は日本で勉強し、多くの友人をつくったので自信をもって「満足組」であると断言できると述べました。

この話で少し前に流行った「世界に一つだけの花」というタイトルの、人気グループの歌を思い出しました。ナンバー・ワンであろうとするより、「Only one」であれば良いという台詞は、「自己中心で覇気が無い若者たち」を肯定するものとの懸念を呼びました。

これは、社会現象的に見れば、グローバル化、東京化するための競争や改革に疲れたひとびとが、日本がすでに豊かで安全であることを幸いに、苦労してナンバー・ワンを目指さなくとも、個性を生かした存在であればそれで良いと思うようになっているということでしょう。しかしこうした若者たちが、独特であることで満足しているかといえば、そうではなく、大人から見れば奇妙に見える同じファッションに身を包むことで、心の許せる者との「つなぎ」を求めています。「社会」、「パブリック」という発想から離脱しつつあると批判的に見られている若い人も、こうしたつながりから、ボランタリー活動をしている例もあるようです。携帯電話も彼らが「つながり」を必要としていることを示しています。

つまりは個人が自由を謳歌しても、依然として仲間や帰属先としてのグループを必要とします。ただそのグループはもはや国家、関係省庁、都道府県、あるいは職場という、既存の、機械的につくられたピラミッド型の統治単位にこだわらず、趣味や志を軸につくられ、国境を越えて横に広がっていくのです。地方都市もまた、そのひとつの単位となり、「鄙び」の魅力をアピールしているのでしょう。

個人は横に結びつき、都市もまた然りです。成熟した国の都市は、首都を通り越して世界の一員となりつつあります。他方重要なことは、金融、環境、犯罪捜査などの公的機能も、国境を越え、各国の専門家とネットワークで結ばれて、その目的を果たしつつあるということです。プリンストン大学ウッドローウィルソン公共国際問題大学院長のアン＝マリー・スローター教授によれば、国家の公的機能は、国境を越えて、水平に分散（disaggregate）されつつあるのです（Anne-Marie Slaughter, A New World Order, 2004）。様々なプレーヤーが横につながって、その上で一定の秩序（ガバナンス）を維持できるとすれば、これはある意味で田中明彦教授の言う「新しい中世」の一現象なのかも知れません。

日本の地方都市が東京を経由せずに世界に発信することの意味につき、前章末尾で問題提起しましたが、グローバルに見れば、これは歴史の必然なのだと言えましょう。日本でもある財団法人が音頭をとって、昨年「生活文化創造都市会議」というものを立ち上げるなど、都市の活動をとりあえず国内で「つないで」行こうという試みが見られます。

外務省も一役

個人、団体、地域がその特性を一層発揮して自信を深め、国際交流の拠点として栄えることは、国のソフト・パワーの育成、発揮につながるので、国全体として歓迎すべきことです。そしてそこには、国際関係において、国民の中長期的利益を最大にすることを生業とする外務省にしかできない、重要な役割があります。交流の担い手のネットワークづくり、情報や共通目標の設定の触媒となることです。

2005年の1月20日、外務省で、都道府県等の担当幹部や、財界、学界、メディア、NGO、NPOの方々等150人をお招きし、「外務省と語る国際交流」という会議を開いたのはこのためです。山形県の旅館の女将となったアメリカ人女性、藤ジニーさんや民際交流センター秋尾晃正代表など、地方文化の宝を見つけ、発信しようと努力しておられる方々の参加を得て、「日本の魅力発信——地域のソフト・パワーを考える」というテーマのパネル・ディスカッションを行いました。

普段つながることのない各地域の担い手が、ネットワークを構築し、そこで各自（外務省、自治体、NGOなど）が自由に経験、成功や失敗を共有することで、それぞれの目的達成にとって役立つ新たな知恵やパートナーシップが生まれるかも知れません。それが積み重なって相乗効果を生む、すなわち1＋1が2以上になることが期待できます。外務省は全体を統制するためではなく、大使館という海外ネットワークをもつひとつの担い手として、「つなぎ」の場を提供し、参加したのです。成果がすぐ目に見えるようになるものではありませんが、今後とも続けるつもりです。

そのために、広報文化交流部の中に、これを担当するポストをつくりました。また私もこの2年間、地方の魅力、力を肌で感じ取るため、努めて国内出張をしました。計27回になりました。ほとんどが日帰りですが、回数では海外出張をはるかに上回ります。地方の方々に、中東やイスラームについて正しい理解をしていただくための、「中東・イスラーム理解セミナー」を企画し、これまで岡山、山形、大阪、札幌、広島、仙台で行ったことも含まれています。このセミナーでは在京の中東からの大使に講演をお願いし、その地で勉強する中東からの留学生を迎えています。

これらは官民が連携して、それぞれの特性を生かしながら、日本の魅力を再発見し、世界に発信していくパブリック・ディプロマシーそのものなのです。

第14章　ことばの世界――その1

2005・7・19

有明の　つれなくみえし　別れより　暁ばかり　憂きものはなし

『古今和歌集』六二五「新潮日本古典集成」

『古今和歌集』成立から1100年

2005年は『古今和歌集』成立1100年です。先日あるテレビで、中高生対象に「美しい日本語」の知識を競うクイズ番組を見ました。決勝の問題が、「夜が明け始めて、空がうっすらと明るくなってきたときのことを何と言うか」でした。答は「東雲《しののめ》」でしたが、そこで夜明けの状態を表す言葉として、他に「暁《あかつき》」「曙《あけぼの》」「朝《あした》」があること、それらはすべて意味が違うことを教わりました。

「暁」は、明るくなる直前のことを指す由です。『広辞苑』（第四版）も、夜を三つに分けた第3番目で、宵、夜中に続くとしています。ただし現代はやや明るくなってからの状態を指します。「曙」はもう少し明るくなった状態を指すそうです。『時代別国語大辞典上代編』では、上代では夜が「ゆうべ」「よい」「よなか」「あかとき」「あした」と5つに分かれていたそうです。アカトキ（暁、五更）は平安時代ごろからアカツキと変化したこと、午前3時から5時ころを指すことが分かりました。冒頭の古今集の歌は、夜明け直前の月を見ていると、かつて思いを寄せる相手につれなくふられた時の夜明けが、思い出させられることを歌っています。

「東雲」は「夜明けの薄明かり、夜明けそのもの」（『広辞苑』）ですが、元々は「人にはしのび」（人に逢わない意）などに続く序詞であり、明け方の意味はなかったそうです。明け方を指す意味で使われた歌は古今集にあります。初句に使われたのは以下の二首です。

東雲の　ほがらほがらと　明けゆけば　おのがきぬぎぬ　なるぞ悲しき
しののめの　別れを惜しみ　われぞまづ　鳥よりさきに　泣きはじめつる
『古今和歌集』六三七、六四〇「新潮日本古典集成」

「曙」はもちろん枕草子の冒頭（春は、あけぼの……）が有名です。朝は夜が終わってからしばらくの間で、今でも「あした　浜辺を　さまよえば……」という「浜辺の歌」にその意味が残っています。これら四つの言葉のニュアンスの違いを知って、季節や自然、心を表す日本語の美しさ、豊富さを垣間見た気がしました。

念のため英語を調べてみました。上記４つの日本語に対応するものとしては、「dawn」「daybreak」「the cockcrow」「morning twilight」「morn」詩に使われるものとして「aurora」などの単語があります（研究社『新和英大辞典』）が、日本語のようにきめ細かく時間の変化を追ったものではないように思います。ただし日本語でもニュアンスは時代と共に少しずつ変わっているようです。上述のクイズ番組で回答者の一方が、「曙」と答えて「間違い」とされ、優勝を逃しましたが、後に専門家が協議して、これも正解としたのはこうした理由からです。

心を豊かにする「美しい日本語」運動

最近、美しい日本語を取り戻そうという運動がにわかに高まっているように思います。例えば「東京新聞フォーラム」の漢字文化シンポジウムは、今年その3回目として「美しい日本語」をテーマにしました（２００５年6月27日、東京新聞）。若い人もこれに呼応しています。シンガー・ソングライターの森山直太朗さんは、英語やリズム重視の最近の音楽界の中で、日本語と優しい旋律を重視しているそうです（２００５年6月23日、読売新聞)。『日本語』に関する様々な著作が書店を賑わしています。政治も「文字・活字文化振興法」制定（2005年7月22日）という形で呼応しています。

遣唐使の中止を契機に、和様文化の見直しが始まり、初めて漢詩ではなく、和歌の勅撰集たる『古今和歌集』ができたように、グローバル化への努力がひとつの文化的限界に達しつつあると感じるひとが増えている現在、日本語への回帰が起こっているのかも知れません。これは第12章「みやびとひなび」で扱った、地方への回帰に通じます。では日本語には特別な「癒し」効果があるのでしょうか。

それは、日本語のもつ語彙の豊富さと、自然の美との結びつきの深さ、そして訓読みのもつ安らぎではないでしょうか。


明け方でも四つの異なる言葉があるように、日本語の語彙は多様です。自然の移ろいや動植物、ひとの心などについては特にそうです。出世魚と言われるように、生物学的に同じ種類の魚でも、その生育段階によって違った名前を与えられるものがあります。植物でも、例えば葦《あし》は、初めて生えたばかりのものは、葭《か》、まだ秀でぬものは蘆《ろ》、長成したものを葦《い》と呼びます（『本草綱目』）。

エスキモー語には「雪」について数十の表現があり、またアラブ語には駱駝について多くの名前があるそうです。日本語の語彙の豊富さはとくに季節と密接に結びついていると言えそうです。蝶には多くの種類があり、かつその土地々々で様々な呼び名があるでしょうが、俳人の黛まどかさんによれば、俳句ではそれだけでなく、飛んでいる季節によって、「初蝶《はつちょう》」「梅雨蝶《つゆちょう》」「夏蝶《なつちょう》」「凍蝶《いてちょう》」の四種類があるそうです。

9〜10世紀の日本語形成過程で、漢字・漢語系の男性的なニュアンスと、やまとことば系の女性的なニュアンスの両者が日本語の要素になったことも、日本語の豊かさの一因でしょう。同じ雪でも、「セツ」と読むときと、「ゆき」とでは違います。「豪雪」は音読みして始めてその豪快さが出ますし、「ゆきうさぎ」の可愛さ、もろさは、訓読みでしか表せません（石川九楊『日本語の手ざわり』）。

「人間の脳は、生存可能性を増やす環境に、より心地よさを感じるようにできている」（黒川伊保子『怪獣の名はなぜガギグゲゴなのか』）のだとすれば、逆にいろいろな語彙をもち、それに愛着をこめることは、物事への対応をきめ細かくし、心を洗練されたものにし、多様な生活を可能にするでしょう。そうした言葉をかみ締めることで、心に襞が蘇り、「癒し」につながるのかも知れません。文字・活字文化振興法も、「豊かな人間性の涵養」の重要性を指摘しています。また感情表現が豊富なことは、その感情処理、ひいては人間関係の処いずれかだけだったら、そのひとの行動は粗野で、円滑な社会生活に支障をきたすでしょう。
理にも影響を与えます。感情のすべてが「チョー・うれしい」と「チョー・ムカツク」の

普遍語としての英語

日本では最近方言が流行り始めたそうです。都内の女子高校生にとっては、方言には標準語にない独特の語感が新鮮に映り、仲間意識を強めるのに一役買っているというのです。名古屋弁と大阪弁をつなげるなどの造語もあり、「内輪語」のひとつとして使われているそうです。この流行の背景には、「共通語は普通すぎて面白くない」、「標準語より言い方がやわらかくなるから」とか、「ほのぼの感が漂う」、自分が遜《へりくだ》ることになり、謙譲語の役割も果たすといった理由もあるそうです（2005年6月25日・日経新聞、同年7月7日・毎日新聞）。

ここで別役実さんが、「大阪弁はワープロに入らない」と書いておられるのを思い出しました（『星座——歌とことば』No.24〈2004年11月号〉）。標準語やインターネットは効率的で便利ですが、あまりに標準化、定型化されてしまい、ニュアンスが分かる内輪すなわち「鄙び」がなつかしくなるのでしょう。

しかし他方で英語の重要性は増す一方です。イギリスの公的な国際文化交流機関である

ブリティッシュ・カウンシルの推定では、ここ10年のうちに、世界で英語を学ぶひとの数は、英語圏以外で20億人に達する見込みだそうです。これに英語圏の人口10億人を加えると、実に世界の人口の半分が英語を話すことになります。現に中国では英語熱が盛んで、大都市では小学校3年から教えているそうです。仏語圏のカンボジア、元英領のインドやシンガポールも同様です。その動機は、経済、自立、ビジネス、世界の教育の「ハブ」になるなど様々なようです（朝日新聞の２００５年6月の連載）。

『ニューズ・ウイーク』誌（２００5年4月6日号）によれば、世界の電子データの80％は英語であり、科学者の66％が英語で文献を読んでいるとのことです。フランス政府は英語の普及に消極的ですが、フランス人自身は最近英語をよく話すようになりました。グローバル化の中で、迅速かつ正確にコミュニケートするための、普遍的で効率的な手段としての英語の価値は不動のものになったと言えましょう。

先日、日・ＡＳＥＡＮグローバル・フォーラムという会議で、日本とＡＳＥＡＮの出席者が、「アジアの共通価値」を論じましたが、そこでの共通語は英語でした。

ではグローバル化を生き抜く競争力をつけるための英語と、心に安らぎを与えてくれる美しい日本語と、どちらがより重要なのでしょうか。

第15章　ことばの世界――その2

2005・7・21

ふるさとの訛なつかし
停車場の人ごみの中に
そを聴きにゆく

『一握の砂』石川啄木「講談社文芸文庫」

英語も方言化？

世界を制覇したかに見える英語にも問題があるようです。前章で言及した『ニューズ・ウイーク』誌によれば、英語が世界語になったが故に、地方々々の訛りができており、英語と米語の違いはもちろん、「カスタマイズされた方言」がどんどん増えているようです。旧約聖書には、人間が傲れるあまり天に届く塔をつくろうとして神の怒りを買い、人間の言葉を乱して互いに通じないようにしたという話がありますが、今も、この「バベルの塔」への神の怒りは収まっていないようです。

英語の本家たるイギリス英語も、日本の標準語同様、「みやび」として「あこがれ」の対象になると同時に、「疲れ」「飽き」を生むのでしょう。冒頭の啄木の歌にあるように、ひとには住んでいる地域独特の言葉が必要なのです。私もOECDの事務次長の頃は、会議でたまに日本語訛りの英語を聞くと、ほっとしたものでした。


しかし方言英語は、それが圧倒的多数によって話されるがゆえに、堂々とまかり通り、航空管制官などの世界で使われているそうです(例えばthの発音が訛り、threeがtreeになってしまう)。その方が理解され易いのだそうです。その結果本来のキングズ・イングリッシュなどの正統英語をまくしたてると、かえってビジネスでの売り込みに失敗することもあるそうです。普遍的な言語になるにつれ、結局は地域化され、真性さを失いつつもかえって親しまれるというパラドックスです。もちろん英語のもつ論理性、効率性という、普遍性の核はしっかりと維持されるでしょうが。

また地域化を通して、方言のもつ独特の意味合いが標準語に逆流することもあります。最近日本でよく聞く「チョー」が、中国の若者の間で使われているそうです。「会議中」の「中」も、本来の中国語の使い方ではないが、便利なので中国で使われているそうです。

元は中国語ですから、これも方言の逆流の一種かもしれません。

アメリカには1925年以来「スペリング・ビー」という、英単語のつづりを当てる全国大会があるそうです。アジア系や、ヒスパニック系の子供たちが、クイズを通して正しい英語を学ぶとすれば、社会の絆を強めることに役立つでしょう。ただしこのクイズが、標準とされる英語の定着に役立つのか、逆にいろいろな人種の感性が英語を一層豊かにする役割を演じるようになるのか、興味深いところです。

翻訳の効用

「英語か美しい日本語か」の問題を考えるに当たり、日本の近代化の過程を振り返ってみることが必要です。明治以来の西欧文明の吸収で重要な役割を果たしたのは、英語教育ではなく、翻訳です。日本人がそれまで馴染みのなかった概念を吸収し、消化するに当たっては、それを日本の言葉に翻訳したのです。最近コーポレート・ガバナンスを「企業統治」と訳す時のように、当時のひとも新しい概念を造語で紹介されて戸惑ったでしょう。しかし、この翻訳と長い期間にわたる消化の過程こそが、日本人をして西欧の概念を自分の血や肉とするために決定的役割を演じたのです。

奈良・平安時代の日本語の成り立ちにも、翻訳は重要な役割を果たしました。我々の祖先は中国から導入した漢字をそのまま使うだけではなく、古代倭語をそれに当てはめました。例えば、「冬」の字は、中国音の「dong」と発音していましたが、ある時からそれまでの古代倭語の中から、「ふゆ」という語を選びこれに当てはめました。これがいわゆる「和訓」です。

さらに古代倭語を表記するため、漢字の音を利用する「宛字」（例えば「はな」は「波奈」）を考えました。この万葉仮名がどんどんくずされて平仮名になりました。これでひとびとは漢字・漢語では満たされなかった思いを字で表現できるようになったのです。他方漢字の一部を使って作った片仮名は、漢文の「読み下し」に使われました。言い換えれば、片仮名は、「漢語を和語脈へ、漢文を和文脈へと再構築するための「補助記号」（辞）として生まれた」（石川九楊『日本語の手ざわり』）のです。

こうして漢語は徹底的に和風に料理され、消化されたのです。欧米の言葉（主として英語）は、文字こそ取り入れませんでしたが、その概念を、持ち合わせている漢字や片仮名で表しました。「Communism」を表すため「共産主義」という造語をつくり、それが中国に輸出されました。片仮名でコミュニズムと書くことで、欧米の原語の意味から離れぬようにすることもできます。以上を考えれば、日本語はその時々のグローバル言語たる中国語と英語を、見事に「翻訳」したのです。「翻訳文化は異文化の日本化」（加藤周一　朝日新聞・2005年2月12日「夕陽妄語」）なのです。

しかしそれだけに翻訳には大変な困難が伴います。村上春樹や芥川龍之介を訳しているハーバード大学のジェイ・ルービン教授は、『羅生門』の「下人」を英訳するのに苦労したと言っていました。翻訳には不断の緊張と悩みがあるでしょう。主観も入るでしょうし、誤訳もあり得ます。英語のI《アイ》を「僕」と訳すか、「俺」とするか、「私」なのか、あるいは主語を省いてしまうのかは、さぞかし翻訳者の頭痛の種かと思いますが、あまり理屈でこだわる必要はないようです（村上春樹、柴田元幸『翻訳夜話』）。

他方、外国人がその国の言葉に訳す場合は、「僕」も「私」もすべてIで良いので楽かも知れませんが、恐らく翻訳を重ねるほど、さもなければ気づかなかったであろうIの意味の深さ、多様性を感じるのではないでしょうか。JETプログラムの同窓会が先日日本で開かれましたが、その参加者のひとりが、日本で学んだ「縁《えにし》」という言葉のもつ深い意味合いが気に入り、それを「connection」という英語を使いつつ、今回の同窓会のキーワードにしたそうです。「connection」という言葉は、その意味合いを広め始めたのです。

感性の翻訳

「地方」独特の感性は、方言や翻訳作業などの言葉を通さなくても伝わります。パリにいた頃、中国大使館文化センターで、中国人歌手のメゾソプラノが歌う「カルメン」を聴きました。同じ原文たるフランス語で歌った「ハバネラ」でしたが、東洋人と西欧人とでは醸し出すものが違うことを肌で感じました。日本語や中国語で歌うカルメンも、その芸術性が高ければ、依然として「カルメン」です。こうした東洋人による新しい、多様な「カルメン」が、その作品の普遍性を高めるということを、西欧人は次第に気づいていくでしょう（拙著『パリ　マルメゾンの森から』）。

ただし、日本や中国ほど大きくはない文化圏の言語、とくに少数民族の言葉は、絶滅の危機に瀕していると言われます。グローバル化の波にのって、情報や商品と一体となって流入する英語が、そうした言語を滅ぼしているため、英語は「殺し屋の言語」と言われる所以です（D・ネトル、S・ロメイン『消えゆく言語たち』、T・クローバー『イシ』）。

同じように、日本で次第に失われつつあると言われる敬語のもつ重要性に国民が気づき始めたようです。一見厄介な敬語の奥にある合理性や、人間関係における価値が見直されているのでしょう。

やまと言葉であれ、敬語であれ、ニュアンスのある日本語の語彙が失われてしまう前にその危機に気づき、クイズなどの工夫で若者に残そうとできるのは幸せなことです。「美しい日本語」のクイズに参加した中高生に心から敬意を表します。

外交における言語

このように普遍語と地域語は、長期的には前者の方言化、両者間の翻訳を通して相互作用が行われ、それぞれが発展していきます。前者の効率性、合理性、伝達能力はもちろんのこと、後者のもつ地域性、人間性、文化性も同様に重要です。普遍的な共通語と、３０００に及ぶ言語が共存し、そこに絶え間ない翻訳作業が行われることこそが重要であり、そうした環境を整えることが国やユネスコなどの国際機関の役割でしょう。それは必ずしも商業ベースに乗らないからです。

翻訳は時間がかかり、血のにじむような努力が要求されるからこそ、そこに二つの言語の間の、真剣な「interaction」が生まれ、相手の文化を自分の中に消化し、咀嚼《そしゃく》できるのです。「美しい日本語」ブームを大切にすると共に、外国語への質の高い翻訳を進めるべきです。

外交活動のうち、安全保障や貿易の交渉は、国益をかけた真剣勝負です。ハード・パワーと裏腹の論理、言葉による厳しい駆け引きが要求されます。交渉相手との人間的信頼関係確立のために、非言語手段による交渉当事者同士の人間としての共感や信頼関係は重要ですが、それが結論を大きく変えることはありません。共通の交渉語たる英語力は必須です。しかしソフト・パワーを使って長期的に日本の価値観を広める文化外交では、日本語やその概念を外国語に翻訳したり、文化、芸術活動によって、言語を使わずに、感性に対して「日本」をアピールしていくような、様々な工夫が必要になるのです。そしてそこでは、日本からの一方的発信だけではなく、日本自身が普遍性を高めるために、異なる文化を受容する懐の深さをもつことも重要なのです。

対談
2

ことばを磨く

――グローバル社会を生きるために――

尾崎左永子

×

近藤誠一

尾崎左永子氏プロフィール

歌人、作家。『星座――歌とことば』主筆。東京女子大学在学中に佐藤佐太郎門下となる。歌集『さるびあ街』で日本歌人クラブ賞を受賞。『源氏の恋文』で日本エッセイスト・クラブ賞受賞。歌集に『夕霧峠』(迢空賞)、『青孔雀』『さくら』など多数。また近著に『神と歌の物語・新訳古事記』『短歌カンタービレ――はじめての短歌レッスン』『「鎌倉百人一首」を歩く』など。

海外から日本を見て

尾崎　近藤さんは大学を出られたあと外務省にお入りになって、オックスフォード大学への留学、アメリカ大使館勤務などを経て、ＯＥＣＤ（経済協力開発機構）事務次長としてフランスのパリに行かれたんですね。

近藤　順番でいうと、学生時代にアメリカに遊びに行ったことがあります。外務省に入ってからはイギリスで2年間研修をして、それから大使館勤務はフィリピンに3年、アメリカに3年、パリの国際機関に2回で合わせて7年。ですから、一応アメリカとヨーロッパとアジアとを経験しています。

尾崎　外交の仕事というのは、日本というものを本当にきちんと知っていないと、外国に伝えられないでしょう。つまり、ことばにしても、日本語のきちんとしたことばが使えないと、英語でも正確には伝えられないんじゃないですか。

近藤　そうですね。

尾崎　その国や土地による感覚の差みたいなもの、伝統的なものを踏まえて、外交官としてどうやってことばの壁を乗り越えて意志を伝えられているのか、大変興味があるのです。ただ気持ちがあればいいというものではないですよね。

近藤　ことばに対する考え方というか、生活におけることばの位置というものは、単純に東と西には分けられませんけれども、たとえばやはり日本とアメリカ・ヨーロッパを比べると差異を感じます。日本の場合には、ことばというのはどちらかというと感じていることや考えていることを表現するヒントのようなもので、少ないことばにいろいろと含蓄があります。つまり、物理的な単語数よりもはるかに多くのことを伝えることができるものだと思います。ところが、フランス語や英語というのは、ことばそのもので言いたいことを出来る限り、１００パーセントに近く言おうとします。その裏には、論理性や合理性、効率性というものを非常に重んじて、客観的に説得力のある手段で相手に自分の気持ちを伝え、自分の利益を追求する社会が存在します。

尾崎　英語やフランス語は論理的ですよね。まさに、積み上げの言語。

近藤　そうですね。一方、日本語の場合には伝えたいことをひとつのシンボルで伝えるところがあるので、なかなか議論がかみ合わないのは事実です。結局、日本人は、全部をことばで言い尽くせないんですよ。

尾崎　その通りですね。ことばというのは「ことのは」、つまり「事の端っこ」という意味ですから、日本人にとってことばは、一部をつつけば全体が分かるというものなんです。

近藤　考えれば考えるほど、東西の文化の溝は深いという感じがしますね。それはことばだけじゃなくて、例えば絵をとってみても、ルーベンスのようにべったり絵の具を塗って描く絵と、墨絵のようにさっと山の〝頭〟と川だけ描いて、あとはブランクにしてという違いにもあらわれます。

尾崎　「余白の文化」というものも日本や中国に独特のものですよね。

近藤　このブランクは何も「無い」のではなく、「無限の全体」とでもいうべきもので、見る側が自分で埋める。思えば俳句や短歌だって、五七五あるいは五七五七七だけで、あとは読み手が想像力で埋めるわけです。音楽だって、西欧の、和音でわっと正面から迫ってくるものと、日本の雅楽のような、単音で、しかも間があったり、休みの部分があったりして、最小限で最大のことを伝えるものとは随分違いがありますね。

尾崎　やはり、ことばだけじゃなくて文化全体が違うということなんですね。

近藤　ええ。でも、そういうことはすべて、海外に暮らしてそこから日本を見るという経験をしたからこそ得られた実感ですね。

尾崎　近藤さんがパリにいらしたときのエッセイをまとめた『パリ　マルメゾンの森から』（かまくら春秋社刊）を読ませていただいて、語学の堪能な方でもやはり「伝える」努力って大変なんだと思いました。

近藤　記者会見やインタビューでも、終わってから「ああ言えばよかった、こう言えばよかった」と悔やむことが多いですね。いつも不満が残るんです。伝えたいことが100パーセントは伝えられない。

尾崎　逆に、日本語ではない言語、英語やフランス語の方が伝えやすいということはありますか。

近藤　たとえばテレビのインタビューなどで、きわめて短時間、2分間とかそれくらいで日本の主張をぱっぱっと言わなければならないというようなときには、やはり単純明快にきちんと伝えるという意味で英語やフランス語のような論理的なことばの方が一見楽ですね。少なくとも、一応言ったことにはなる。

尾崎　なるほど。

近藤　本当に真意が伝わったか、コミュニケーションができたかどうかとなるとまた別です。けれども、いまのメディア、特にアメリカのメディアを通したことばの世界では、とにかく短時間で単純化を恐れず、メリハリある主張をしてインパクトを与えるためには、英語やフランス語が適しているんだと思います。

あてはまることばがない

尾崎　すごく単純な質問なんですけど、英語で話されるときは日本語を英語に翻訳されるんですか、最初から英語で考えられるんですか。

近藤　あまり意識していませんけれども、日常会話的なときは多分英語で考えて自動的にしゃべっています。しかし、より深いものを伝えるとき、日本人の伝統的な考え方を説明するようなときには、まず日本語でことばを考えて、英語に置き換えていく作業をします。たとえば「自然との共生」ということばを、これは英語で何というのかなと考えると、「自然」は「nature」、「共生」は「symbiosis」ということばがあるな、と一つひとつあてはめますね。しかし実は、ここで大変な壁にぶちあたってしまうんです。多分、現在存在している英語と日本語とを引き比べれば、「symbiosis between the humans and nature」という対訳で正しいんでしょうけど、実際それでは日本人が感じているものは相手に伝わらないんですよ。

尾崎　それは、相手にその概念がないということですか。

近藤　そうです。これはもうことば以前の問題で、彼らにはわれわれが考えている自然との共生とか相手を敬うとか、われわれが日本語で持っている思想や考え方がないんです。ないというと失礼かもしれないですけど、自然や、自分と他人の関係に対して違った見方をしているので、日本語の表現を単純に英語に置き換えても伝わらないんです。

尾崎　そういう例はほかにもありますか。

近藤　たとえば「精神性」とか「感性」、これも英語で言うと「spirituallity」とか、「感性」は「sensitivity」とか「feeling」という語が一応ありますが、いずれも英語になってしまうと非科学的で何かうさん臭いものになってしまうんです。要するにお互いがもっていることばの「引き出し」のサイズや形が違うのです。

尾崎　それは確かに難しいですよね。短歌の感性や精神性みたいなものも、英語で伝えるのは難しいですもの。

近藤　ほかにも、映画の「千と千尋の神隠し」みたいに、万物に神が宿るとか、自然を愛し尊敬し、自然と一体化していくといった考え方は、英語でどんなに言っても相手はぽかんとしている。これをどうしたらほぐしていけるだろうかといつも思っているんですよ。

尾崎　たとえば、ギリシア神話ぐらいまでさかのぼって説明したらどうなんですか。

近藤　そうですね。でも、「千と千尋」を見て感動するアメリカ人だってたくさんいるわけです。このことを考えると、結局ことばだけでは限界があって、視覚的な手段の芸術・文化の方が、思想を異文化の人に伝えやすいのかなとも思いますけれども。

文化面での融合の可能性

尾崎　『パリ　マルメゾンの森から』は「外交と文化に関する24のエッセイ」という副題

がついていて、文字通り近藤さんがフランスと日本をはじめ様々な国の文化の違いとか、フランスに入り定着しつつある米国文化について思考なさっていますね。文化を通して外交を考えることや、外交を通して知った伝統文化のせめぎ合いなどが書かれていて、とても興味深い本だと思いました。

近藤　あとがきにも書きましたが、このエッセイの底に流れているのは、「グローバル化が進む一方の状況の中で、これから人類はどうなるのか？　日本は？　そして自分のアイデンティティー、自己実現は……？」という問いなんです。パリにいて、フランス人の季節や土地、食文化などに対するこだわりのすごさや、人間の文化がすべてそこに凝縮されているようなオペラ、あるいは世界中からパリに集まってくる若い才能などを目の当たりにして、「人間は政治、経済ではどうしても喧嘩腰になるが、文化芸術ではこだわりなく融合できるのかも知れない」と感じたんです。

尾崎　「文化とは偉大なる浪費だ」と言ったのは詩人の田村隆一さんですけど、明治時代、最初にヨーロッパ文化が入ってきたのはやはり日本の文化にとって大きいと思いますね。戦後にアメリカ文化がどっと入ってきて、あれで随分壊れた部分というのがあるんじゃないかなと思うんです。ことばの使い方にしても、平等という考え方にしても。

近藤　明治以降もいろいろなことばが翻訳されてきましたけれども、福沢諭吉のように苦労して訳語を作り、率先して文明開化を進めた人もいれば、夏目漱石みたいにちょっともやもやした人もいて、その辺の葛藤というか、西洋文明の素晴らしさと日本文化の素晴らしさがぎりぎりのところで相容れなくなってきている難しさを、みんな味わったんだなとあらためて思います。この葛藤は今の我々の中にもあります。でも、こうしたこれまでの日本人の経験をうまく整理していくと、たとえばいまのいわゆる途上国の人たち、グローバリゼーションの名のもとにアメリカ的商業主義によって、ことばや考え方を押しつけられ、アイデンティティーに悩んでいる人たちにとって何かプラスになるものが見えてくるんじゃないかなと思うんです。

尾崎　なるほど。確かに日本は、奈良時代には、たとえば中国から文化も文字も入ってきているわけですしね。そうやって外から入ってきたものに今度はどうやって順応していくかというと、漢字に対してはちゃんと「かな」というものを日本人は発明しています。それから、漢文を「やまとことば」で読み下すという方法も考え出している。これはすごいことですよ。『古事記』がそうですし。

近藤　当時は時間的にも精神的にもゆとりがあったんでしょうね。今のように迫りくるグローバリゼーションの津波だとか、貿易摩擦なんかもなかったでしょうから。

尾崎　カタカナもお坊さんがお経を読むために考えだしたものですし、こういうのは本当に和魂漢才ですよね。日本人には利用のうまさがありますよ。それなのに、折角自分たちのものにしたものを、ことばの美しさも含めて、ここで壊してしまうのは悔しいですね。

グローバル社会の悩み

近藤　漢文・古文を含めた国語の授業時間が減ったり、教科書から森鴎外などの近代のすぐれた作品が外されているという現状は憂うべきです。実は、ことばの乱れとかことばのよさが失われていく危機感というのは、おそらく英語やフランス語圏、つまりグローバル化に成功している先進国に共通の悩みのようですよ。

尾崎　そうなんですか。

近藤　最近、「ニューズウィーク」誌で英語の特集がありまして、それによれば今、世界で、アメリカ、イギリスのように英語をネイティブとする国民の実に3倍ぐらいの人が英語をしゃべっているそうなんです。そして、その多くがクイーンズイングリッシュとはほど遠いもので、特徴のあるアクセントだったりするわけです。イギリス人やアメリカ人にとっては、英語が国際語になったという意味では便利なはずですが、しかし同時にユニバーサルな英語は本当の英語じゃないという気持ちがあるんだと思うんですよね。

尾崎　アメリカ語でさえ英語じゃないと言うイギリス人は大勢いますから、ひとつにはできませんね。むしろ似ているから変な齟齬が生まれるということもありますものね。

近藤　文法的に間違っているとか、本来の英語ではこういう表現はしないのに国際会議では堂々とまかり通ってしまうとか、そういう不満が相当あるようですね。

尾崎　言語というのは、やっぱり背後に文化が控えているものなんですね。それをふまえて、これからの教育をどう考えるか。

近藤　いまは日本でも幼児からの英語教育が盛んですよね。日本語以外のことばを学ぶことで日本語、ことばに対する意識がすごく高まっていくというのはあると思います。日本語しかないと、それがもう当たり前で、物事を理解するのはほとんど空気を吸うような感覚でしょう。英語というものを学んだ瞬間に、日本語との違いに気が付いて日本語の美しさ、感性表現、豊かさ、良くも悪くも日本語の曖昧さというのを、いやでも感じますよね。

尾崎　右脳も左脳も使うことになりますし（笑）。

近藤　いまはテレビを見れば気軽に外国語を学びながら、ことばへの敏感さを養うことのできる番組もありますし、映画もバイリンガルでやったりしていますから、きっかけさえつかんで関心を持てば、英語圏で暮らす以外にも自由に英語を使うチャンスはあると思いますよ。私の娘がいま高校一年生で帰国子女なわけですが、家のテレビで映画を観るときは英語で聞いています。そして時々「いま言ったこと、うまく日本語にならないよね」と言っています。

尾崎　外地で暮らす方には、外国語と同時に、機会をつくって、できれば『源氏物語』を、それも声に出して読んでほしいと思いますね。物語というのは、そもそも絵をお姫様に見せながら、こっちで物語を読む女房がいるという、いわば紙芝居ですよ。最初から声に出すことを前提に書かれたものなんですから、非常に読みやすいものですよ。ことばが美しくて、日本語の粋です。

近藤　読みたいとは思っても、なかなか本を開くまでにいたりません。

尾崎　あの物語を1000年以上も前に、女性が書いたんですよ。『源氏物語』は、シェイクスピアの作品と並び称せられるぐらい素晴らしい大心理小説です。日本の外交官の皆さんにもぜひ読んでいただきたい（笑）。

近藤　では、尾崎先生に是非、外務省で講義していただく場を設けなくては。せめて「桐壺」だけでも読まないといけませんね。

尾崎　真のグローバリゼーションというのは、どこまで感性が伝わるかでしょう。だったらやはり感性を磨くために、ことばを磨いてほしいですね。

（『星座――歌とことば』No.27〈2005年5月号〉より再録）

第16章　「文明」という言葉のもつ意味——世界文明フォーラム　その1

２００５・７・25

賢者はただ真実のみを語るが
真実なら何でも語れるわけではない。

ウズベキスタンの思想家の「名言集」（黒田長男訳）より

「世界文明フォーラム２００５」

7月21〜22日、「世界文明フォーラム２００５」が開かれました。小泉総理に歓迎の挨拶をしていただきました。世界の各界を代表する一流の有識者が、21世紀の人類文明のあり方を2日間にわたって論じました。また「HYPERLINK（http://www.mofa.go.jp/mofaj/gaiko/culture/hito/gye/gye_1.html)」グローバル・ユース・エクスチェンジ（GYE）という外務省の招聘プログラムで来日中の、世界27カ国（日本の大学院生2名を含む）、UNDP、UNHCRという国際機関から各1名、計30人の若者も参加しました。

フォーラムの内容を要約することは不可能です。20人を超えるパネリストや、400人の聴衆の印象もそれぞれ異なるでしょう。豊かで無限の広がりをもつ議論の中から、各自が自分の問題意識に響いたことを中心に記憶し、自分の議論を発展させたはずだからです。ここでは私が自分の問題意識からみて印象に残った点をいくつかご紹介します（各パネリストの短いペーパーや、セッション毎の論点をまとめた文書がいずれNIRA〈総合研究開発機構〉のホームページに掲載される予定です）。

最も印象的だったのは、全体議長を務めたハーバード大学のアマルティア・セン教授の議論です。同大のサミュエル・ハンチントン教授の著作や、9・11事件以来、「文明の衝突」や、「文明間の対話」が頻繁に口の端に上りますが、そもそも人間を「文明」という切り口だけで分類することは間違いであり、グローバルな正義実現にとって危険であるという議論です。

人間一人ひとりは、複数のグループに属し、それぞれに「identity」を感じています。あるひとは、女性で、フランス国籍をもつが、シンガポール出身で、インド人を祖先にもち、英語を話し、イスラーム教徒で、歴史学者で、環境保護の活動家で……などそれぞれのグループに属し、その中で「interact」しているのです。

このうちどれかひとつのみ取り上げて、「このひとは……だ」と決めつけることは間違いだと言うのです。現在は宗教を基礎とした「文明」という切り口ですべての人類を分類してしまう傾向が強まっています。

ハンチントン教授はインドをヒンドゥー文明と分類しましたが、インドには1億4500万人のイスラーム教徒がおり、インドネシア、パキスタンに次ぐイスラーム人口をもっています。首相はイスラーム教徒、大統領はシーク教徒、与党党首はキリスト教徒なのです。

しかも個人が属する複数のグループの教義の間には、時として矛盾や競合が生じます。上述のひとにとって、歴史学会と、環境保護の集会とがかちあうかも知れません。重要なことは、個人がどのグループに属するかを自分で自由に選べることと、その間に競合がある場合、そのどれに自分は最も忠実かを自分で選択できることです。たまたまイスラーム教徒であるというだけで、他のすべての信条や属性を無視されて、外部からイスラーム教徒というひとつの「箱」に閉じ込められ、政治的・社会的に色をつけられるのは、個人の自由を損ね、正義に反するものです。ナチ政権下のドイツにいたある人が、たまたまユダヤ人であるというだけで、そのひとがもつ他のすべての信条や帰属グループのことを全く無視されて命を奪われたのと同じです。

セン教授はさらに言います。文明間の「対話」という考えもおかしいと。そこには、文明は放っておくと衝突するものだから、それを避けるために対話をするという発想がある、つまり既にそこで人類を「文明」という箱に入れているからです。教授は「世界を異なる文明の連邦と捉えてはいけない」と警告しています。このフォーラムを「文明間対話」とせず、また3つのセッションでも文明や宗教を直接のテーマにしなかったことは賢明だった訳です。

「文明」のもつ意味

人間を文明だけで区分してはいけないというセン教授の指摘は、次々と知的興味を生みます。まず、何故「文明」によって人類を一義的に分類する傾向が強まっているのでしょうか? 恐らく宗教と結びついた「文明」は、その服装、宗教行事、食べもの、習慣など、違いが目に付き易いことが挙げられるでしょう。しかしそこにはもう少し深い意味合いがありそうです。

フォーラムで提示された国際法の観点からの分析は、「文明」という言葉の歴史的背景を考えさせてくれました。近代国際法は16～17世紀に欧州で作られましたが、最初は「キリスト教国家間の法」という性格をもち、それが「文明国家間の法」となり、今の国際法に至るのです。グロチウスは、法規範を宗教から分離し、近代国際法の基礎を築いたことで「国際法の父」と呼ばれています。たしかにそれゆえにローマにおいては、彼の有名な『戦争と平和の法』（1625年）は旧教徒に対して禁書とされました。しかしそれでもなお彼の自然法の概念の奥にあるものは、キリスト教であったと言わざるを得ません。彼が「神意法」や「人意法」と区別する「自然法」は、人間の「知性」、「本性」を淵源とするとされますが、そこでいう人間とはキリスト教徒のことでした。神は「我々の存在及び我々のもつすべての拠り所」であるからです（『戦争と平和の法』一又正雄訳）。

この状態は、ヨーロッパ列強がキリスト教圏外へと進出するにつれて変化しました。1856年クリミア戦争の処理のためのパリ平和条約にトルコが参加した時、国際法は初めて非キリスト教国をそのメンバーにしたのです。ただしトルコの文明は「西欧諸国の文明のレベルに達していないので」、いわゆる「Capitulations（非キリスト教徒がキリスト教徒に特権を許す協定）」が残りました（L.Oppenheim, International Law, 第八版）。日本など他の一部の非キリスト教国も「半」文明国と認めて不平等条約を結び、「非文明国」については、彼らを「文明化」するために植民地支配を行うことで世界支配を進めたのです。

こうした分類は、当時は正面から受け入れられていたようです。

「今、世界の文明を論ずるに、欧羅巴諸国並に亜米利加の合衆国を以て最上の文明国と為し、土耳古、支那、日本等、亜細亜の諸国を以て半開の国と称し、阿弗利加及び墺太利亜等を目して野蛮の国といい、この名称を以て世界の通論となし、西洋諸国の人民、独り自から文明を誇るのみならず、彼の半開野蛮の人民も、自からこの名称の誣いざるに服し、自から半開野蛮の名に安んじて、敢て自国の有様を誇り西洋諸国の右に出ると思う者なし。」（福沢諭吉『文明論之概略』巻の一第二章　岩波文庫より）。

西欧文明による成果の独占

国際連盟においても、自立し得ない旧植民地を先進国が委任統治することは、「文明ノ神聖ナル使命ナルコト」とされました（国際連盟規約第22条）。ここでの「文明」とは明らかにヨーロッパ文明のことでした。植民地支配も、国際連盟下での委任統治も、「ヨーロッパ文明の名において」行われたのです。

国連憲章では文明という言葉が消えました。ただ国際司法裁判所規程には、「裁判官全体のうちに世界の主要文明形態及び主要法系が代表されるべきものであることに留意しなければならない」（第九条）という条文があり、国連は国際機関として初めて複数の文明を認めたことになります。「宗教や文明のレベルという議論の余地あるテスト自体は、国家を認める条件ではなくなった」のです（Oppenheim 前掲書）。しかし、と彼は続けます。国際社会に認められていない国との「関係やその扱いが、キリスト教倫理の原則によって律せられるのは明白である」と。

ここにセン教授が述べた西欧文明への皮肉がつながります。人類がこれまで蓄積してきた科学技術の成果がすべて「西欧文明」として西欧の独占物とされ、その優越性の象徴として提示されてきたことです。現在コンピューターの演算手続きを指示する規則として使われるアルゴリズムという算法は、九世紀のアル・フワーリズミー（Al-Khwarismi）というアラビアの数学者が考え出しました。十進法はインドで生まれ、アラブ人によってヨーロッパに伝えられました。紙の製法が発明されたのも中国です。

文明が依然として世界の分断につながっているのは、服装や習慣などの違いが目に見え易いからだけでなく、「文明」という言葉に潜む、こうした長く複雑な歴史が、教育や民族の集団的記憶を通じて、ひとびとの脳裏に焼きついていて、他のグルーピングよりも強い力をもつからではないでしょうか。

テロリストたちは、こうした歴史をもつ「文明」のステレオタイプを悪用し、結果として自らを仲間から孤立させているのです。自爆テロを、「イスラームの名において」行うことで、イスラームに属さぬひとびとは、イスラームとはそういう宗教なのだと思い込み、無実のイスラーム教徒たちを「他者」にしてしまいます。たまたまイスラーム教徒である個人は、人権擁護派であっても、児童の権利に熱心でも、みな選択の余地無く、外部から一律に危険なイスラーム主義者という「箱」に入れられてしまうのです。

穏健派のイスラーム教徒に、「過激派をなだめるように」と働きかけることも、イスラームという宗教・文明か、それ以外の文明かで人類を分割し、すべてのイスラーム教徒を「他者」扱いすることにつながりかねません。自分を断定的に「他者」扱いする相手に反発を感じないひとはいません。テロリストの術中にはまってしまうのです。西欧もまた、不注意にもイスラームを「他者」扱いすることで、反西欧文明運動づくりに貢献しているのだとセン教授は述べています。

第17章 国家と正義と芸術と——世界文明フォーラム その2

2005・7・29

人生の終止符を打つのにそれほど時間はかからなかったに違いない。芸術だけが私を引き止めていたのだ。

ベートーベン『ハイリゲンシュタットの遺書』

国家の役割と限界

「世界文明フォーラム」は、ひとは多数の「identity」のグループに属するもので、個人はそれを自ら選ぶ自由をもつべきという、ハーバード大学のA・セン教授の問題提起で始まりました。そこで文明とともに議論となったのが「国家」です。個人を外部から「文明」など特定の「箱」に押し込めるべきでないのだとすれば、人類を200近くの「箱」に分割している国家というものも改めて考えざるを得ません。ひとは生まれてくる国家を選べませんし、一旦生まれたら、その国のパスポートなしに国境は越えられないほど、国籍は強力な「箱」です。国家は国内で力を独占していながら、そこで正義を実現するという役割を果たしていない破綻国家があること、従って正義のためには、内政干渉禁止という原則は最早妥当でないことが指摘されました。

しかし破綻国家の市民を救うことは容易ではありません。『歴史の終わり』で有名な、アメリカの政治学者フランシス・フクヤマが言うように、国家単位での「縦」の民主主義や説明責任「accountability」を確保する制度は発達しましたが、主権国家が並存する国際関係においては、「横」の民主主義を確保できないからです。権力を集中させた世界政府は近い将来できそうにありません。否、これだけ多様性に富む世界を、ひとつの組織が支配することへのためらいを表現するものもいました。ましてや、特定の強国が世界正義の名において、他国に介入することを受け入れるものはありませんでした。

ここで意見は分かれました。国連の改革強化を図るしかないと唱えるもの、G8サミットをG20に拡大すべきとするもの、主権国家から成る国連には所詮正統性と効率性を求めることはできないので、むしろ様々な国際機関や民間団体、NGOなどが相互に「interact」することで、国際的な正義が成立する体制(組織たる「government」ではなく体制たる「governance」)を目指すべきであるとの議論等です。

しかしそうしているうちにも、結局国際社会には民主主義に基づく正義がなされていないとの不満が増大し、テロが生まれるのです。かつて各民族の成果を体系化して自分のものとし、力を振るった「文明」に対抗する、別の「文明」の名において。

男なるものと女なるもの

ここで少し脱線します。個人を分類する切り口にはいろいろありますが、そのひとつにジェンダー即ち「男」と「女」があります。生まれた国と同様自分で選択できないグループですが（もちろん国籍変更や性転換も今や全く不可能ではないですが）、それをどの程度自己の「identity」として重視し、他の「identities」に優先させるかは、個人の自由であり、外から強制されるべきものではないという点で、文明と共通しているのではないでしょうか。男性と女性の間には、確かに相違点があります。しかしすべて個人はそのひとが属する多くのグルーピングの総体として判断されるべきであり、男か女かだけで価値を判断すべきではありません。しかもすべての男女には男性ホルモンと女性ホルモンがあることから分かるように、そのバランスのわずかな違いによって、個人差があります。従って生物学的分類上「男だから」「女だから」ということで人を完全に二分することは不適当です。

ここで思い出すのが、ハーバード大学のラリー・サマーズ学長の舌禍事件です。ノーベル賞をとるのは時間の問題と言われる切れ者経済学者で、元財務長官の彼は、2005年1月14日、ある会合で科学技術分野の女性教授が少ない一因として、「(女性に)本来備わった適性の問題」と発言し、性差別発言として波紋を呼びました。3月15日には教授会が学長不信任案を可決するという事態にまで発展しました(しかし罷免権をもつ理事会はサマーズを支持し、彼は書面で謝罪した上で留任)。

これは重要な問題を孕んでいます。まずサマーズ学長が、ある特定の学者を教授にするか否かの判断に際し、「女性だから」というだけの理由で拒否したのなら問題です。個人は種々の属性の複合体と見るべきで、ジェンダーのみで判断すべきではないからです。あくまで科学者や教育者としての能力を客観的に見るべきでした。

しかし、一般的に、あるいは統計上男性は論理性や科学が得意で、女性は感性や芸術に優れている、だから結果として自然科学の女性教授は少ないと言っただけなら(それが実態のようですが)、それをもって性差別と批判した方が問題であると思います。なぜならそれは科学や論理性の方が感性や芸術性より「優れている」ことを前提にしているからです。即ち男性が得意なことは、女性が得意なことよりも重要で高度なものだという、男性中心の偏見があるからです。

男女の能力の違いに取り組んだのが、イギリスの発達心理学者のサイモン・バロン＝コーエンです。彼は慎重な実験の結果、遺伝子、社会的、文化的環境ではなく、脳の発達、とくに胎児期のテストステロンやアンドロゲンというホルモンの値によって、共感に優れているか、システム化が得意かという能力差が生まれること、前者は女性に多く、後者は男性に多い（もちろん統計上の差異であって、個体差はある）ことを証明しました（『共感する女脳、システム化する男脳』）。そして重要なことは、システム化と共感とは、男女の特徴を現すひとつの「対」に過ぎないであろうこと、そしてこれらの能力はどちらも人間すべてに等しく重要なものであることです。どちらかに優れている方が全体として優れているということはないということです。

以上のように、ひとが幸せをつかみ、社会で正義が成立するためには、個人が文明や、国家、ジェンダーという「箱」に閉じ込められることなく、自己の「identity」を自由に選択し、他の同志とつながることのできる社会をつくることが理想であることがはっきりしてきました。経済学者のミルトン・フリードマンが言うように、インターネットによって世界がフラットになるということは、この自由を拡大することに役立つでしょう。

しかし現実はどうでしょうか。あまりに急激なグローバル化を前にして、ひとは地域に回帰し、鄙びを求め、方言に郷愁を感じ、宗教、国籍、性別の枠に安住してしまうように見えます。米国のエコノミストBob Samuelsonが「世界はやはり丸い」と言っています。アイルランドの一人当たり国民所得は、１９９０年はドイツより28％低かったのに、２００４年には逆に26％高くなったが、それはまさに政府の政策の違いによるのです。結局個人の豊かさに直結するのは、旧態依然たる生き物すなわち国民国家の行動なのです。だから、世界はまだ丸いのだと（"The World Is Still Round," Newsweek, July 25-August 1, 2005）。

では個人は自由と安住のバランスを得るには一体どうすれば良いのでしょうか？　ここに芸術の役割があるのです。

芸術の役割

「世界文明フォーラム」のひとつの特徴は、芸術の役割という独立のセッションを設けたことです。グローバル・ユース・エクスチェンジ（ＧＹＥ）の一員として参加したカナダの若い女性は、なぜ文明を議論するのに芸術・文化の話をしなければいけないのか最初は理解に苦しんだが、議論をし、話を聞いて、初めてその意味が分かったと述べてくれました。

芸術は、直接ひとの心に響いて感動を生む力がその中心にあるので、国境、文明、民族などあらゆる「箱」を越えて、個人と個人をつなぐことを可能にします。しかも芸術がもつ力は、単に相手の文化を知ることに役立つのみならず、相互に刺激しあいながら共通の問題解決に向けて、共同作業をする場を与えてくれもします。

現在米国では、芸術教育によって開発される創造的思考が、科学者や技術者に必要とされているものに通じるということで、芸術教育が見直されているようです。すなわち目の前の環境に制約されずに、新たなアイデアを自由にかつ楽しみながら出していく（think outside the box）ことができるのです（Ken Robinson, Out of Our Minds: Learning to Be Creative, 2001）。そうであればこれは単に科学技術上の発明だけでなく、政治や経済の「箱」にとらわれていては解決できない、21世紀の文明の問題を解く大きな鍵となるのではないでしょうか。現に日本のアニメは、サイバー技術時代に、娯楽のレベルを越えて、「現代社会に順応することへの警告、あるいは代替的な世界を提示」しているからこそ、世界の若者の心を惹きつけているのだとの理解もあります（スーザン・ネイピア『現代日本のアニメ』）。

もちろんこのフォーラムでは、かつては政治が芸術を利用したことがある、あるいは現在は商業的要素なしに芸術を社会に広げることができない、最貧層のひとには芸術から力を得る機会がない等の警告も出されました。

国家や国際機関が思い通りに機能せず、文明の「箱」に囚われがちで、手詰まり感が広がっている今こそ、芸術的創造性を発揮する時期です。そしてすでに伝統的美意識・思想を基礎に、世界で活躍する多くのアーチストを出している日本は何かできそうです。2005年11月19～20日、京都で「世界アーチストサミット」が開催されようとしています。9カ国のトップアーチストが集まって世界の諸問題を話し合う場を日本が提供しようというのです。それぞれの世界のトップが、その専門分野という「箱」を越えて世界の問題を話し合うこの場は、「世界文明フォーラム」につながるもので、大いに期待できそうです。政治家やビジネスマンが思いもつかぬような創造力豊かな回答が出てくるかも知れません。

第18章 部分と全体 ——世界文明フォーラム その3

2005・7・29

でも嫉妬深い人はそれでは満足しないでしょう、
理由があるから嫉妬するのではなく、嫉妬深いから
嫉妬するんですもの。嫉妬というものは
みずからはらんでみずから生まれる化け物です。

シェークスピア『オセロー』第3幕第4場 小田島雄志訳

部分と全体

「世界文明フォーラム2005」でのもうひとつ印象に残った議論は、エルサレムのアル・コドウス大学ヌセイベ学長の「調和としての正義」に関する議論です。彼は人間はそれぞれが個々の独立した主体ではなく、あくまで全体の部分であると考えるべきであると言いました。イスラエルとパレスチナの紛争を例にとりつつ、2つの独立した主体がそれ

ぞれ「権利」を主張し、特定の領土の所有を争えば、一方の成功は他方の反撃を生みます。どうすれば2つの主体の間の公平（fairness）が確立できるかという問題は、解決できません。

しかし両者がいずれもより大きな全体の構成部分であると自覚すれば、その間に調和を保つことが、全体にとってプラスであり、それは結果として個々の部分のプラスになるのです。如何なる個人も集団も、人類という全体（ひとつの主体）の構成部分であることを認識し、調和（harmony）を目指すことで、全体にとっても構成部分にとっても最善の結果が得られる、すなわち「正義」が成立するのです。

これは日本人にとっては比較的受け入れ易い議論ですが、ヌセイベ学長が、1991年マドリッド和平会議パレスチナ代表団運営委員を務め、イスラエルの和平推進派と強固な関係を有するだけに、この発言には大変重いものがあります。

しかしいくらインターネットが発達したといっても、個人という部分と、世界の60億人という全体はどうつながるのでしょうか。どうすれば調和を望む個人の行動は、全体に広がるのでしょうか。

この問題の鍵である社会のネットワーク構造に関する興味深い研究があります。ハンガリーの数学者エルデシュは、1959年、多数の点があるとき、それらを全体が事実上完全につながっているネットワークにするには、相対的に少数のランダムなリンクがあれば充分なことを証明したそうです。しかもネットワークが大きくなるにつれて、必要なリンクの比率は小さくなるというのです。

たとえば、50の町をつなぐ道路は、理論的には全部で1225本必要です（一つの町が他の49の町と直接つながる道路数は49で、50の町すべてがお互いにつながるための道路数は49×50／2だからです）。しかし98本の道路をランダムに（不規則に）つくれば、すべての町が効果的につながる（もちろん他の町を経由してです）のだそうです。つまり8％だけで済むのです。この点の数が300になると、約2％弱のリンクで全体がつながります。それでは60億の点、すなわち世界の人口をつなぐには、いくつのリンクが必要でしょうか？　理論的には一人ひとりが24人を知っていれば良いのだそうです。誰でも、自分の知人24人から順次つてをたどっていけば、世界中の誰とでもつながれるのです。しかも信じられないことに、わずか6段階（知人の知人の……）で。

ネットワークの科学

ワッツとストロガッツは、1998年の『ネイチャー』への短い論文でこれをさらに発展させ、こうしたネットワークには、一定のルールがあることを見出しました。個々の構成要素は、規則的に、強い絆で結ばれた、高度にクラスター化した状態をもちつつ、そこには多数のリンクをもつか、または他のクラスターと長距離で、ランダムで、弱い絆でつながっているハブをもつことです。こうした構造により、すべての要素は全体の中の他の要素とわずかの隔たり（6次程度）でつながるのです。

これは脳の構造（ニューロンのつながり）、生態系、インターネット、ワールド・ワイド・ウエブ、河川の支流のでき方のすべてに当てはまるのだそうです。誰も命令をしないのに、何百万匹もの蛍が短時間の間に光の同期的点滅をするようになることや、コオロギの鳴き声が同様の同期性をもつことなども、こうしたネットワークでの情報伝達で説明できるのだそうです。

つまり人であろうと、モノであろうと、相互作用をする多数の構成要素から成るネットワークは、ひとつの「系」を構成し、個々の要素の動きとは全く無関係に重要なパターンと規則性をもつのです。

このネットワークの科学は、「システムは個々の要素と、それら要素間の相互作用に基づいて、初めて完全に理解できるし、組織全体のパターンは個々の要素に原因を帰すことはできない」というわゆる複雑系理論に属するものです。この種の議論はかなり昔から徐々に発達してきたようですが、ワッツとストロガッツの数学的発見によって新たな展開をみせつつあるようです（以上はすべてマーク・ブキャナン『複雑な世界、単純な法則』およびスティーヴン・ストロガッツ『SYNC』より）。これは物事にはすべて1：1の明確な因果関係があるとするこれまでの要素還元主義の限界を超えようとするものです。冒頭で述べたようにシェークスピアも、人間の嫉妬には明確な因果関係などないと言っているのでしょう。

こうした理論が今後どのように発展し、これまでの要素還元主義に基づく政策に取って替わられるようになるのかは全く予測できません。しかし、個人が「identity」を保ちつつ、芸術を舞台にして世界と自由につながり、世界の正義実現に貢献していこうという問題を考えるに際して、多くの勇気づけられる示唆を与えてくれます。

まず、ネットワークが機能するには、緊密で規則性のあるクラスターが必要であるということです。ひとが地域において伝統文化、芸能、祭り、方言などを共有し、心を許しあえる「鄙び」に安らぎと「identity」の基盤を見出すのは極めて自然であり、グローバル化に反することではないことが示唆されています。また国やコミュニティーや企業の経済競争力は、その構成員の間の「信頼」という社会資本が重要であるとの政治学者のフランシス・フクヤマの議論も、これと調和するものです（『「信」無くば立たず』）。

必要なのはハブを育てること

同時に、ネットワークが全体と「つながる」には、それほど気の遠くなるような数のリンクは必要ないということです。多数のリンクをもつハブや、ランダムな長距離のリンクが存在すれば、個は全体とつながるのです。つまり、誰もが世界中のひとと直接つながっていなくとも、地域に「顔の広い」ひとがいたり、国際交流基金の情報センターのような多数と結ばれたハブがあったり、また姉妹都市交流がどこか遠くの市とつながれているお陰で、日本人は誰でも6段階の人づてによって世界中の市民すなわち全体とつながるということです。その意味で、「世界文明フォーラム」に参加した14人の外国パネリストは、それぞれがその地域、分野で極めて大きなハブであり、またそこに27カ国、2機関から来た若者が加わったことは、日本の有識者との間に、そして相互に新たな長距離リンクがつくられたことを意味し、人類の隔たりの短縮化に大いに貢献したのではないでしょうか。

今回のフォーラムで具体的な結論や文書によるアクション・プランが出なかったとしても、ハブ同士の「interaction」がそれぞれのハブのつながりにフィードバックされ、新たなつながりの増加となって、人類全体に、測ることはできないけれど、何らかの重要な影響を与えた可能性があると思います。インターネットの拡大によるランダムなリンクの増加とともに、鍵となるハブを長距離でつなげるという意味で、今回のようなフォーラムの意義は大きいと確信します。そして前章で言及した芸術の意義も、文明や国境や民族という「箱」を越えて、長距離なリンクを自由につくるという観点から捉えなおすこともできましょう。「世界アーチストサミット」に期待しています。

文化外交とは、政府が共産主義国家のように文化の中身に介入することではなく、国内の文化の担い手の間や、世界の担い手とのこうしたネットワークづくり、彼ら同士の「interaction」の環境づくりによって、個人という「部分」が「箱」に閉じ込められることなく、全体（地域や国や世界）と結びつき、自国と世界の文化が発展していくことを目指すものです。それにより、人類共通の正義に一歩近づくことができるのです。

第19章　形の世界 ——その1

2005・7・30

見るということはそれ自体で既に創造的作業であり、努力を要するものである

アンリ・マティス

ミロの巻物

２００５年の6月、日米知的交流に関する会議で倉敷に行った際、大原美術館を訪れました。価値あるコレクションの中でひとつ目にとまったものがありました。ミロの描いた「マキモノ」という絵です。幅41センチ、長さ９９０センチという、正真正銘の絵巻物です。１９５６年の作品です。浮世絵や陶磁器などが西洋美術に与えた影響は有名ですが、絵巻の価値についてはむしろ最近のアニメに引き継がれてやっと西欧の気づくところとなったと理解していたからです。

西洋絵画というと、何といってもその写実性と、それを支える線的遠近法や陰影法（明暗法）を思い浮かべます。透視図的空間表現は、ギリシャ・ローマで発見され、イタリア・ルネッサンスで再興され、17、18世紀に数学、幾何学の進歩と共に完成されて、以来近代西欧芸術の最も正統的空間表現とされてきました。消失点に向けた直線によって律せられる遠近法の合理的、科学的、数学的な体系の強さは、いわば音楽における十二平均律に通じるものがあると思います。

しかし平均律同様、広い意味の遠近法もまた西洋の独占物ではありませんでした。三次元の世界における空間と固体およびそれら相互の関係を二次元に表現するために、それぞれの地域には固有の遠近法があるようです。東洋でも遠いものを上に、近くのものを下に置く素朴な遠近表現や、遠いものを近いものでさえぎる浮彫的な扱い、あるいは近いものは濃く、遠いものは薄く描く技法があります。中国では北宋（11世紀）の郭熙が三遠（高遠：山の麓から山頂を見上げる見方、平遠：前の山から後ろの山を眺める見方、深遠：山の手前から山の背後をうかがう見方）を説いたそうです。しかし西洋画のように、合理的な線的遠近法の原理に基づくものとして体系化することはなかったようです。

日本では江戸中期以降、オランダから入った銅版画などから、線的遠近法への関心が高まり、まず眼鏡絵や浮絵などに取り入れられました。円山応挙の『三十三間堂通し矢図』はこの手法を効果的に使って、長さを奥行きに置き換えて表現したわけです。そのころの江戸庶民はその迫力にびっくりしたことでしょう。

しかしいわゆる日本画は、いまでも線的遠近法は基本的に使っていないようです。それは日本画の概念や技法が劣っているからでしょうか。それとも琵琶などの和音楽が五線譜を使っていないのと同様、何か理由があるのでしょうか。

絵はどこまで合理的であるべきか

13世紀の説話集『古今著聞集』に、後白河法皇の時代にいた絵難房《えなんぼう》という者の話があります。彼はどんな名人の描いた絵にも難癖をつけたそうですが、その基準は、人に抵抗している犬の首縄がぴんと張っていないとか、大木を斧で切っているのにその前にそれにふさわしい木くずがあまり積もっていない等、現実性、合理性であったのです。江戸時代の東西庵南北の『下界頭会』（1811年）に見られるように、絵難房を美術評論家と評価する向きもあるようですが（榊原悟『日本絵画のあそび』）、この説話は、むしろ「絵」というものは、常に表面的合理性からはずれた（囚われない）ものであることを物語っているように思われます。

そもそもモノを静止した姿で描くことは不可能です。写真でも光の粒子がフィルム上に像をつくるためには時間が必要で、ゼロ秒ではありません。つまりその像は必ずわずかにぶれているはずです。もの（ひと）の動きはパラパラ・マンガやアニメのように静止画面をつなぎ合わせたのではありません。そういう錯覚があるから、「飛ぶ鳥の影は動かず」という昔の中国の詭弁が生まれる余地があったのです。

十二平均律が数学的、科学的であったが故に、世界に広がる体系をつくったが、かえって自然さや包容力に欠け、尺八のヒシギなどのような繊細さの表現能力を切り捨てざるを得なかったように、線的遠近法は、説得力をもちつつ、現実にはありえない虚構の姿であること、および人間の固定されたひとつの視点から見たものという人間中心主義の側面から、日本画などの取り入れるところとならなかったのでしょう。パノフスキーが言うように、遠近法は、「客観をいわば主観の内的な表象世界から取り出し、確固たる『外的世界』のなかに位置づけた」こと、「主観と客観との間にある距離を設けた」こと、「この距離が客観をまさに対象化すると同時に、主観を人格化する」という意味で、ルネッサンスの芸術観の特徴そのものだったのです（パノフスキー『イデア』）。

日本の絵巻は、8世紀後半に中国から伝わった画巻にもとづいて書き写された「絵因果経」が現存する最古のものですが、その後日本独自の発展を遂げました。絵巻は大きく分けて、限定された画面空間の中で時間の経過を含まない物語の一情景を描く「段落式」と、いくつもの情景を連続させて、時間的に展開していく「連続式」とがあります。「源氏物語絵巻」は前者の代表で、この方式は細密画的手法を使うことで、主人公の微妙な心理の表現まで可能にします。「信貴山縁起絵巻」は後者の代表で、ストーリーの長い時間的展開の表現を可能にします。

「伴大納言絵巻」に見られる躍動感は、動きのある描線と、ひとつの画面に複数の視点があり、絵巻を右から左へとずらしながら見ることで、時間の展開を表していることから生まれるように思われます。そして、火事場へ急ぐひとはみな左向きですが、突然ある場面に現れるものは、左から右を向いています。「現れる」「来る」という概念を表すために、こうした技法をとったのです(「来るものは左から」というのは、実は阿弥陀来迎図や、能舞台の橋掛りにも見られるものです)。同じ画面に複数の視点が存在したり、逆遠近法(遠くのものが大きく見える)という柔軟な技法は、写実主義から見れば一見不合理な性格をもちますが、一枚の画上に自在なカメラ・アングルやズーム・アップ効果をもつという意味では、実は静止画を前提とする線的遠近法よりも、表現において優れているように思えます。

西欧による自己修正

しかしここでも、自らが確立した体系を修正しながら、真理をどこまでも追究していく西欧の姿勢は健全です。レオナルド・ダ・ヴィンチは、透視図に使われる直線というものは、実は自然界には存在しないこと、空間は空気に満たされていて不明瞭であることを認めたそうです。

また様々な神話や文学作品、叙事詩、更には歴史上の事実を描いた歴史画は、そこに物語、すなわち時間を追ったストーリーの展開が内蔵されているゆえに、画家たちは種々の技法を使ってその「時間」を表現したようです。誰もが知っている話であれば、それがどの話のどの場面であるかを知らせることで、観るものの想像力で、その前後のストーリーが再現されます。この鍵となる情報を知らせるには、ギリシャの壷のように、神話の主役の名前を人物像の傍らに書き込むことや、画面のどこかに説明的な銘文を書くこと、あるいは単に物語のタイトルを書けば良いのです。

それに満足せず、ストーリーの展開自体を画面上に示したい時には、絵巻物同様の「異時同図法」さえ使われています。15世紀のイタリア人画家ドメニコ・ベッカフーミの『パピリウスの物語』は、建築物によって巧みに区切られた一続きの絵画空間の中に、主役たちが繰り返し登場します。しかも登場人物の列が、右から左へと見る者の視線をたどり、画面左手の議事堂内部の少年パピリウスとその母の場面へと誘われるテクニックは、何となく「伴大納言絵巻」を思い出させます。物語をいくつかの異なった画面に分けて並べる「連作」も、あまり西洋人好みではないようですが、壁画や版画では使われています。

しかし主題があまり有名でないか、または画家自身による主題の場合、すなわち「テクスト」がない連作も作られました。18世紀の英国の版画家・画家ウイリアム・ホガードは、「当世風の結婚──上流の生活に起こる現代のさまざまな出来事」という6枚の連作により、有名な物語ではないが、一般に馴染みのあるテーマを基に、観る者が自分で想像し、解読できるような絵を描きました。しかも彼はそのヒントを、説明ではなく、画中の小物や絵など、絵画的手段のみで与えました。彼は「物語画をテクストから解放した」(ラングミュア『物語画』)のです。さらには、あいまいさを意図的に使って、観る者の想像力をかきたてることも試みられました。

西洋画では、線的遠近法などの写実性を与える技法によって、観る者に現実感をもたせつつ、その枠内で、ストーリーの時間的、空間的展開を遂げるための様々な工夫がなされたのです。

第20章　形の世界 ——その2

2005・7・30

形は石の中にあるのではない。
そもそも石の中に入る前に、設計者の中にあるのだ。

プロティノス

キュービズムの歴史的意義

西欧は遠近法を確立しましたが、その限界にいつまでも甘んじていた訳ではありませんでした。1900年代フランスに始まったキュービズムは、それまでの写実主義と訣別し、経験によって認識された対象の全体像を二次元的に再提示するもので、様々な視点からみたものを同一カンバスに描くものです。ピカソのように、正面から見た顔に、横から見た鼻や反対側の目がつくのです。

これはこれまでの「体系」、すなわち人間の目から見た一瞬の静止画という枠、箱を超えて、新たなパラダイムを提示したという意味で、物理学における相対性理論の発見に匹敵すると称されるのも頷けます。フランスの評論家ジャック・リヴィエールによれば、キュービズムの目的は、対象をあるがままに模写することであり、そのために「明暗をなくす必要がある」のです。

なぜならそれはその対象のある特定の瞬間を反映しているからです。そして視覚とは連続的な感覚なので、ある一つの対象についてその本質を描くためには、遠近法は排除しなければなりません。なぜなら遠近法は、明暗と同様偶有的なものだからです。空間におけるある特定の位置を反映しているに過ぎないのです。しかも対象の状況ではなく、観察者の状況を示しているのです。つまり、線的遠近法は、ある人が、ある地点にいる、ある瞬間のみを反映しているのです（ゼキ『脳は美をいかに感じるか』）。

キュービズムに先立ち、自然を写実的にではなく、すべてを球と、円錐と、円筒で処理しようとしたセザンヌは、対象を観念的に捉える走りであったと言えます。

脳科学からみた美術

ゼキによれば、人間の脳は、視覚経由で届く絶えず変化する膨大な量の情報の中から、物体や表面の恒常的かつ本質的特性を同定するために必要な情報を選択し、それを脳内に蓄積されている過去の記憶と比較し、その結果物体もしくは場面を固定し、分類することができるのです。画家が行うことは、まさにこれなのです。この本質的なものは、プラトンの言う「イデア」に似ています。彼によれば、ひとが様々な形態をもつ寝椅子を、様々な角度から見ながら、それをあくまで寝椅子と判断できるのは、そもそも寝椅子という理想型（イデア）が存在するからなのです。

しかしプラトンは「イデア」というものは人間の外に存在すると考えていましたが、脳科学者の立場から見れば、この理想型は、各人の脳の中に蓄えられているのです。画家は、この蓄積された情報から、ある特定の対象物を絵にするのであって、目に見えるものを写真のように模写する訳ではありません。寝椅子の絵は、すべての寝椅子についての知識を与えてくれる恒常的な要素、本質的なものの表象でなければならないのです。美女の絵を描くには、一人のモデルのみでなく、沢山の美女を見ておくことが必要なのです（ゼキ前掲書）。

２００５年六本木の森美術館で行ったフィリップス・コレクションの展示会で、ドガの「稽古する踊り子」を見ました。これはドガ晩年の作（１９００年ごろと推定）で、死後アトリエで発見されたものですが、これは写真に異常な関心を示したドガこそ、動きを静止画面に表現する天才だったことを確信させるものです。フランスのリリアーヌ・ブリヨン＝ゲールが次のように述べていることに全く同感です。

「（絵画は）、連続的なものを停止させ、空間的および時間的につながっている一連の画像の中から一つの瞬間を分離させせなくてはならない。しかしながら、奇妙なことに、写真とドガの絵画を比較すると、間違っているように見えるのは写真の方なのである。これは、私たちが実際に知覚しているのは写真が忠実に再生しているような動きの断片ではなく、動きの漸進的な展開であることによるものと思われる……（ゆえにドガの絵は）ある特定の瞬間における現実を超え、すべての瞬間の統合体を知的再構築の中で表現しているのである」(Cezanne et l'expression de l'espace　ゼキ『脳は美をいかに感じるか』より間接引用)。

さらにヴァレリーも言うように、ドガは「或る体の或る一瞬間を最も正確に、併しそれと同時に最も普遍的に要約する、唯一の線の組み合わせというものを求めて居た」(『ドガに就て』)のです。従って西洋絵画は、線的遠近法や陰影法という、普遍的力のある体系がもつ制約の中で、前章で述べた物語画での工夫や、セザンヌやドガの技法によって、対象物の「本質」や「動き」、「時間」を表現しようとしてきましたが、ついにキュービズム運動のような遠近法への正面からの挑戦となったのです。山水画や絵巻などによって、ひとつの視点に縛られる遠近法の枠にはめ込まれずに発展してきた中国や日本画において、キュービズムがあまり栄えなかったのは当然かも知れません。

逆にキュービズムという、合理的写実性の枠からの出口を見つけた西洋画で、巻物の手法があまり使われなかったのもうなずけます。それでもミロのように抽象画の「マキモノ」に挑んだアーチストも生まれました。その動機が何であれ、芸術が、既存の常識の「枠」を破る力をもっていることの証左と考えるべきでしょう。

明治以降の美術教育

第9章では、明治以降の音楽教育について触れました。では美術は西欧近代化の課程でどのように教育されてきたのでしょうか？　明治初期においては、西欧文化は東洋文化より優れているという風潮の中で、明治5年の学制発布に伴う「図画教育」では幾何学的遠近法や、明暗とプロポーションを計算する幾何学的描法による写実的な西洋画の手本が与えられ、これらを鉛筆により正確に模写する訓練が課されたようです（『学校教育全書12美術教育』より）。しかし西欧化に対する反動は早く、既に明治15年の内国絵画共進会では洋画の出品が拒否されるなど国粋主義が台頭し、同18年には、フェノロサや岡倉天心らの主張によって、毛筆を使った日本画の学習などが始まり、明治末まで続きました。

戦後の文部省中学校学習指導要領を見てみると、昭和33年には「わが国および諸外国のすぐれた美術作品を鑑賞させ、……」とあったのが、その後44年、52年ではなくなり、そして平成元年の改訂において、「日本及び世界の文化遺産としての絵画や彫刻に関心を深め、それらを尊重すること」との文言が加えられました。

さらに平成10年の改訂では、ちょうど和音楽の再評価がみられたのと同様、美術でも先ず教育課程審議会答申において、「我が国やアジアなど諸外国の美術文化についての関心や理解を一層深められるよう鑑賞の充実を図る」（改善の基本方針）、「我が国及び諸外国の美術文化や表現の特質などについての関心や理解、作品の見方を深める鑑賞の指導が一層充実して行われるようにする。その際、我が国の美術についても重視する」と書かれています（改善の具体的事項）。これを受けて学習指導要領は、「日本の美術の概括的な変遷や作品の特質を調べたり、それらの作品を鑑賞したりして、日本の美術や文化と伝統に対する理解と愛情を深め、美術文化の継承と創造への関心を高めること」と定めています（いずれも傍線は筆者）。

日本画と西洋画

和音楽（雅楽）と西洋音楽（クラシック）の違いは明確ですが、日本画と西洋画の違いはどこにあるのでしょうか。「日本画」が「西洋画」の相対概念として表れたのが、明治

15年のフェノロサの講演「美術真説」での「Japanese painting」の翻訳であった由です（佐藤道信『〈日本美術〉誕生』）。そして明治23年の外山正一の「日本絵画の未来」と題する講演に対する森鷗外の反駁が契機となって、世の関心が高まり、西洋美術概念の消化と、これらの概念の定着につながったようです。

日本には、それまで狩野派や土佐絵など個別のジャンルしかなかったのに対し、総称としての「美術」や「建築」という概念が発展し、また画工、彫工も「美術家」という概念に進化したそうです（八束はじめ『思想としての日本近代建築』、佐藤前掲書）。イタリア・ルネッサンスにおいて、画家や彫刻家の地位が「単なる職人」から「自由な芸術家」に上がった（ラングミュア『物語画』）ことを想起します。

日本人の美意識や表現能力は世界の先端にある可能性が高いのに、それらを合理的、体系的に整え、また分類して外に広げるという発想がなかったために、西欧の芸術の力に圧倒され、それを消化する過程で本来の力に目覚め、自信を取り戻しつつあるのです。日本の美術的表現は、時間の要素や視点の位置など、あまりに多様さと繊細さが重視されたので、線的遠近法や、陰影法など特定の手法、体系でくくりきれないという事情があったのでしょう。

普遍的なるもの

視覚から入るものの変化、様態を記憶し、そこから対象の「本質」を抽出し、またその特徴的な動きを記憶し、それを新たな情報の判断に使うという点では、すべての人間の脳に差はありません。ただそれを二次元の世界で表現する手法において、あるひとたちは数学的、合理的正確さ、客観の対象化を重視し、その体系の「普遍的」正しさを主張しますが、他のひと達は対象の本質、動き、物語の展開や全体像を表すために、同一画面にあえて複数の視点を埋め込む融通無碍さを使うのです。後者は、一見非合理的、非科学的ですが、かえって真理に近づけるように思えます。

ただこうした差は相対的なもので、それぞれは学び合い、その表現力を高めてきました。あいまい性の中のヒントによって物語を観察者の想像力にまかせるのは、共通した技法でした。また「来る」ものは「左から」という絵巻の原則も、西欧の舞台でも俳優や指揮者は左から出てくること、「受胎告知」の多く（フラ・アンジェリコなど私の手許にある11の「受胎告知」のうち10）で、天使ガブリエラが左からマリアに向かっていることを考えれば、普遍性があるのかも知れません。

対談
3

食卓は文化をつなぐ

——“対話”が育むもの——

小林和男
×
近藤誠一

小林和男氏プロフィール

1940年、長野生まれ。東京外国語大学ロシア語学科卒業、NHKに入局。70年にモスクワ特派員。72～74年まで東欧移動特派員。その後、二度にわたり支局長としてモスクワに駐在。ソ連崩壊の報道でモスクワ支局長として「菊池寛賞」、ソ連・ロシアに関する客観報道で「モスクワ・ジャーナリスト同盟賞」を受賞。NHK解説主幹を経て、現在、作新学院大学教授、日本エッセイスト・クラブ理事。ロシア文化への貢献で2008年ロシア政府よりプーシキン勲章受章。著書に『モスクワ特派員物語～エルミタージュの緞帳』（日本エッセイスト・クラブ賞受賞）『1プードの塩～ロシアで出会った人々』『白兎で知るロシア～ゴルバチョフからプーチンまで』など多数。近著に『狐と狸と大統領～ロシアを見る目』。

ユネスコと世界遺産

近藤　私が外務省の文化交流部長に着任したとき、初めてお会いした小林さんから「外務省には文化人がいない。文化を軽んじていると思う」といきなりジャブが飛んできました（笑）。

小林　そうでしたね。正直、私が過去に会った外務省の方々が、あまりにも文化・芸術に対しての理解が浅かったものですから、冗談半分、本気半分でそう申し上げたんです。ただ、日本で「文化人」というと、ちょっと嫌味な感じで受け取られるかもしれません。

近藤　確かに、「文化人」という言葉には、スノビッシュというか、教養人を気取って意図的に現実から距離をおいているようなイメージがありますね。

小林　しかし今、僕は近藤さんを文化人と見る。つまり、「文化に敬意をもっている人物」だと。同様に、僕も自分のことを「文化人」と呼びたい。お互いに、文化の力、文化の重みに敬意を持っている。そういう意味で今日は堂々と、「文化人の対談」ということにしましょう（笑）。

近藤　ジャーナリスト、政治家、役人の中で、文化に関心がある人は、自分が創造するわけでも、演奏家のようにパーフォームするわけでもない。けれども文化を評価して、自分の仕事の中で生かしていこうという気概の部分は共通していますよね。

小林　近藤さんは、今、フランスでユネスコの日本大使として活躍しておられます。パリというのはフランスの中でも、文化にしても食べ物にしてももとても高いセンスをもつ街ですよね。そこで世界平和に関わる仕事をするということの贅沢さ。本当にうらやましい。もちろん、たいへんな重責を担っておられるわけですが。

近藤　ユネスコは国連の機関で、「教育・科学・文化を通じて諸国間の平和と安全保障に寄与すること」を目的としています。現在（2008年3月）の加入国は193。一時、アメリカ、イギリス、シンガポールが抜けていたのですが、戻ってきました。国連の本体自体は加盟国192ですから、それよりも多いわけです。若干出入りがあるので単純な「国連プラス1」ではないんですが。

小林　とはいえ、まさにユニバーサルですね。

近藤　国を背負っている人たちが教育や文化という分野で最大の国益を得ようとする、一種の国際政治の場であるという点では、パリにあるユネスコ本部も、ニューヨークにある国連本部も、ジュネーブにある世界貿易機関も変わりません。一見、「文化」をテーマに対話していると言いながら、実際は国益をめぐって主張のぶつかり合いが展開されているんです。

小林　国際政治の最前線で、文化を背景にして各国がせめぎ合っているということですね。

近藤　そういうことです。

小林　ユネスコの活動としてここ数年、日本でもよく知られるようになったのが世界遺産ですよね。2007年に島根の石見銀山の登録が決定して話題を呼びましたが、その過程では、かなり難航したと聞いています。

近藤　登録の是非を決める委員会前の5月に、ユネスコの諮問機関から世界遺産たる価値が不十分として登録の延期を勧告されていたんです。そこで、本委員会までの1カ月半あまりの間、委員国に石見を支持してもらえるよう、働きかけに専念しました。実際に石見に足を運んでいたことで説得力が増したようです。一見、緑の山があるだけで、これが鉱山かと目を疑ったのですが、良く聞いてみるとそれは地道な植林によってなされたものだと知って、まさに自然との共生、環境保全のあるべき姿だと実感していました。だから、「環境」をキーワードに各国に訴えたんです。

小林　その説得が功を奏したというわけですね。登録を希望する地域は多いようですが、一般的な認識として、世界遺産に登録されると観光収入が増えるという単純な思惑も見え隠れしますけれども。

近藤　そもそも世界遺産条約というのは、放っておくと経済開発が優先されて壊されてしまう大事な遺産、人類共通の遺産を皆で守ろうという発想から生まれているんです。かつて、エジプトのアスワン・ハイ・ダムの建設に伴って、ヌビアという貴重な古代遺跡が水底に沈んでしまうという危機があって、それを助けるためにユネスコが音頭を取り、資金を集めて遺跡をそっくり移転させたんです。そのことがきっかけとなって、文化遺産と自然遺産を守る条約を作ろうということになった。それが1972年のことです。ところが、実際に世界遺産に登録されると観光客が集まってお金を落としていくという、観光面での効果がクローズアップされるようになりました。

小林　本来は、経済優先の開発から人類の遺産を守るため、経済発展の犠牲にならないようにしようというものだったのが、登録されることによる経済効果のインパクトの方が大きくなってしまったわけだ。とはいえ、登録されることで守られる部分は確かにある。保持するための厳しい制限もありますしね。

近藤　石見のケースを見ていて一番感じたのは、登録による地元民の変化です。「先祖代々伝えてきたこの石見が、世界で認められた」という実感は、地元にとっての自信回復、アイデンティティーの強化につながります。この、目に見えない精神的な価値が一番大きいのではないかと思ったのです。石見銀山の登録後、島根県からシンポジウムに招かれて行ったところ、高校生たちが「私たちの銀山宣言」を行いました。「石見を誇りに思う、皆でこの文化を守っていきます」と、高らかに宣言したんですよ。

小林　感動的ですね。

近藤　まさに感動なんです。数字にならない価値、効果を実感した瞬間でした。

文化に対する敬意

小林　政治的な思惑がからむとはいえ、ユネスコは世界の文化を守る役割も果たそうとしているわけですよね。つまり、文化に対しての敬意がなければ成り立たない機構ともいえるでしょう。そこで思い出すエピソードがあるのです。ロシアの著名な指揮者であるワレリー・ゲルギエフと2003年に会ったとき、彼がこんなことを言いました。その年の3月に、アメリカのブッシュ大統領がイラク攻撃を開始した後だったのですが、「もしブッシュ大統領に文化に対する敬意があったならば、イラク攻撃はしていないだろう」と。

近藤　なるほど。

小林　チグリス・ユーフラテス文明が生まれたイラクという地が、人間の歴史を語る中でどういう位置付けにあるかを認識し、今もそこにどんな文化が息づいているかを理解している人物だったら、絶対にトマホークを打ち込むようなことはしない、と彼は言うんです。実際にアメリカのイラク攻撃によって、随分多くの遺跡や文化遺産が失われたわけですからね。

近藤　一度失われたら、取り返しがつかないものがあります。博物館にある何千点という貴重なものが壊され、世界中に拡散していきました。文化財だけではなくて、イラク人の民謡や踊りといった現在まで長く継承されてきた文化も、戦争によって破壊されたに等しい。本来、人間の生きがいとは、文化や創造性にあるはずです。残念ながらブッシュ大統領は、そういう部分への理解に欠けていたのは確かでしょう。

小林　僕は、歴史というのは大きな「免疫」を作ると思っています。建国二百数十年のアメリカと、2000年の歴史をもつ日本を比べてみたときに、歴史の中で培った教訓を、免疫にしているところが日本にはありますよね。

近藤　そうですね。免疫がない、というところが若いアメリカの長所と言えなくもないですが、イラク攻撃では欠点として表れたようです。イラクの情況を読み違えたのは、歴史に対しての尊敬がなかったから。フセインを押さえて民主主義の世の中になれば、どんな民族もハッピーになる、という思い込みがあったのではないでしょうか。

小林　そういう短絡的な考え方では、歴史や文化を見る目は養われない。それはアメリカにとって不幸というだけでなくて、世界にとって不幸ですよね。

近藤　イラクのみならずイスラム世界全体、それに歴史や文化を重んずる人たちの間に反米感情が根付きました。大げさに言えば、人類にとっての不幸です。

小林　民主主義に成功した日本の例があったから、それとイラク占領を同一視していたわけだ。我々にしてみれば、社会の情勢が全然違うじゃないと言えるけれども。それにしても、あらためて民主主義とは何か考えさせられますね。

近藤　イギリスの政治家、チャーチルが「民主主義は最悪の政体である。これまで試されたあらゆる政体を別にすれば」と言ったように、民主主義は「他に比べてもっともまし」という程度の制度かもしれません。

文化の多様性

小林　「民主主義は他よりましな政体」か。なるほど。

近藤　つまり、どんな制度であれ、それをどう生かすかがその土地の文化であり歴史であり、国や地域次第で変わってくるわけです。たとえが極端かもしれませんが、日本のナスをフランスで植えるとどうなると思います？　最初のうちは日本で採れるのと変わりませんが、だんだん大きくなってしまうんです。

小林　そうですか。やはり土壌や気候が違うからでしょうか。

近藤　ええ。それから柚子。フランスでは不思議と柚子が育たないんです。以前はパリに出張するとき、柚子を土産にすると喜ばれたものでした。最近では和食ブームで、シェフも柚子を使いたがるほど需要が高まって、南仏の方で作り始めたんですね。でも、どうしてもいい香りのする柚子ができない。日本のものとはやはり違うんです。柚子と民主主義を比較するのも変ですけど（笑）、土地によって出来方が違う。でも、それが当然なんですよ。

小林　確かに。要はその違い、つまり文化の多様性を敬意をもって受け入れことができるかどうかですね。敬意がないと、とんでもない間違いが起きる。

近藤　そうなんです。フランスの柚子は、日本の柚子しか知らない人には「何だ、これは」と思われるでしょう。でもおそらく、フランスの柚子には日本のものとは違う長所があるはずです。それを「違うからけしからん」と切り捨てるのは、短慮にすぎます。

小林　自分たちのやり方を押しつけることが、果たして正しいことなのかということですよね。

近藤　ところでフランスでは今、「忘れられた野菜」が静かなブームになっていましてね。

小林　忘れられた野菜？

近藤　様々な理由で生産されなくなり、マーケットに出回らなくなった野菜のことです。たとえば、トマトでも小さくて生産性が低いものは作らないとか、ジャガイモも大きくて見栄えがいいものだけに特化するなど、合理性、効率性重視の陰で消えてしまった野菜がたくさんあるというのです。

小林　種苗会社が、生産性が高いものに絞って販売し、皆がそれを植えて作る。要するに、効率主義ですね。すると消費者は、本当は何種類もあるジャガイモのうち、三、四種類しか食べられないわけだ。

近藤　そう。野菜の多様性を無視してしまったという反省から、ところどころに残った「忘れられた野菜」を探し出し、畑で栽培を始めた人がいたんです。そこから火がついて、今では二ツ星や三ツ星レストランのシェフらも好んで使うようになりました。これが何を意味するか。フランス国内のそれぞれの地域によって、その気候風土に合った野菜が作られていたのに、一握りの野菜に生産を画一化する行為は、地域に息づく歴史や文化をないがしろにするのと同じだと考えるようになったのでしょう。各々の土地を大切にしてこそ食の多様性が保たれ、自然のバランスが保たれる。経済効率よりも多様性を重んじる文化、土地の自然のバランスを重んじる発想。これは全世界に広まっていいことだと思いませんか。効率主義、経済主義から離れて食の多様化を目指すということはそのまま、文化の多様性を認めるということなんですから。

小林　文化のエッセンスの一つは多様性ですよね。たとえば市場。マーケットにはいろいろなもの、素朴なものがあるからいいんですよ。僕も海外で市場に行くのはひとつの楽しみにしています。野菜は泥で汚れたままだったりするんだけど、うまいんだよね。

近藤　これが野菜なんだと思いますよね。

小林　長く赴任していたモスクワでは新鮮な野菜が手に入りにくくて、出張でほかの国に出かけると真っ先にオープンエアーのマーケットに足を運びました。実は今、家で畑を借りて野菜を作っているんですよ。大根、カブ、ほうれん草、春菊もうまい。手を加えて心をこめて土を大事にして、虫をとりのぞいて、農薬なんかは使いませんから。

近藤　野菜を作るということは、自然と対話するいい手段かもしれません。

小林　あたたかみがある。手間はかかりますがね。乾燥するし、雑草抜くのも一苦労。でも、耕すことはすなわち文化なんだと、つくづく実感します。

ロシアの底力

近藤　小林さんはNHK時代に特派員、後は支局長としてモスクワに長くいらっしゃいましたが、今のロシアは文化に対して冷たいですか、あたたかいですか。

小林　まさに明日、ロシアでは大統領選挙が行われますが、42歳のメドベージェフ氏がおそらく当選するでしょう。このことは実は、今の近藤さんの質問の答えにもなるはずです。

というのも、プーチンは、かなり強圧的な方法をとったけれども、政治的安定、経済的な繁栄をロシアにもたらしました。では、文化面はどうだったか。メドベージェフはプーチンのもとで、ロシアの一番の弱みである教育、医療、そして農業と住宅を充実させる計画、国家プロジェクトと呼んでいますが、これを3年間担当してきているんです。そのなかでも、文化の基盤は住宅でしょう。彼は第二次大戦後に建てられた安普請の住宅、これらの建て直しに取り組んできたのです。

近藤　「フルシチョフ住宅」と呼ばれるものですね。

小林　大変な仕事ですよ。メドベージェフは、この難しい計画を進めてきた人物なんです。プーチンが何を意図して彼を後継者に選んだか。それは、間違いなく「文化の再建」を狙ってのことだと思います。

近藤　ロシアという国はもともと、才能あふれる逸材を多く輩出していますよね。ゲルギエフもそうだし、オペラのウラジミール・ガルージン、映画監督のアンドレイ・タルコフスキーとか、あとはテニスのマリア・シャラポワなどスポーツ選手のなかにも、世界のトップになっている人たちはたくさんいます。

小林　文化の底力はあるのです。そもそも、モスクワの旧城砦であるクレムリン自体が早い時期に世界遺産に登録されています。

近藤　それから、バイカル湖が自然遺産になっていますね。このあいだ、近くにパイプラインが通るという話が持ち上がって、ユネスコが反対したんですが、プーチンが理解を示して、ルートが変更になったということがありました。

小林　プーチンはKGB出身というイメージから、目つきが悪いとか独裁者だとか、とにかくいろいろ言われますけど、彼は文化人だと僕は思っています。彼のサポーターには文化人が多いんですよ。そもそも、権力に固執しているなら、大統領のポストを誰かに譲ったりはしませんよ。大統領でいつづけることも、今のプーチンになら、簡単にできます。憲法を改正すればいいだけの話なんです。

近藤　と言いますと。

小林　議会の3分の2を押さえていましたからね。それに国民の支持率は80パーセントを超え、89の地方自治体からは「もう一期大統領をやってくれ」と要請されていましたし。なかでも特筆すべきは、芸術家の団体も同様に続投を要請したということです。これはまさに、プーチンがいかに芸術文化に理解を示して、大切にしたかの証でしょう。例えば、コンサートホールが新しく完成すると、プーチンは必ず足を運ぶんですよ。

近藤　確かに外国から要人が来ると、一緒に博物館や劇場に行っていますね。

小林　サンクトペテルブルクに要人を呼んだときには、劇場に連れて行ってマリインスキーのオペラを一緒に見るんです。

近藤　ロシアといえば、三大バレエ団があるほどのバレエの国でもありますよね。ソ連体制下では、厳しい訓練で選び抜かれた人だけがプリマになる。体操とかもそうだったようですが、ロシアが自由体制になって芸術家の養成はどうなりましたか。

小林　だめになると誰もが思いました。ところが、そうではなかったんです。以前、ベルリン国立バレエ団が来日して、「聞いたことのない団体だな」と思いつつ観にいったら、驚いたことに芸術監督がロシア人で、踊り手もほとんどがロシア人。パフォーマンスは一級でした。設立して、わずか2、3年ですよ。これで証明されたのですが、ロシアの養成システムは共産主義が崩壊してもだめになっていなかった。伝統というものの力を見せつけられたように思いました。僕はゲルギエフに初めて会ったとき、「ロシアは政治的にも経済的にも混乱していて、アーティストが生活のために外国に出て行っている。このままだとロシアの芸術、文化は失われてしまうのではないか」と言ったんです。そうしたら彼はこう答えました。「政治や経済が混乱しているからといって失われるものは、文化とは言わないんだ」と。

近藤　なるほど。

小林　残った人たちは、給料が安くても若い人の養成に情熱を注いでいるし、アーティストが世界に出ていくということは、世界の各地でロシア人が活躍するということだと。それを文化の力だと言うんですね。もっとも、ドイツもすごいですね。日本だったら、国立のバレエ団には日本人をメインに据えるでしょう。団長から団員までそのほとんどすべてをロシア人で構成するなんて、考えがせせこましくない。

近藤　そういう決断は、おそらく日本には真似できませんね。

食がつなぐ文化

小林　他国の例をもって、では我々は自分たちの「文化」をどう守り育てていくかを考えなくてはならない。そうすると、単純だけれども足もとの食文化から見直しませんかと僕は言いたいんですよ。

近藤　同感です。食というのは二つの意味で文化だと思うんです。一つは、季節ごとの食材を楽しむということ。旬のものを口にすると、自然との共生というか、人間は自然の一部であるという意識が高まりますよね。もう一つは、手づくりの味のすばらしさ。おふくろの味、とかね。自然と家族という、近代合理主義のもとで見失いがちなものを思い出させてくれるという意味で、食は重要です。食の価値を取り戻すことは、自然の価値、家族の価値を取り戻すことにつながるのではないかと思います。

小林　文化というと皆、大上段に振りかざして文化庁に褒められるようなことだと捉えがちですけど、むしろ生活に密着して、季節との対話や自然との共生といったものの中から生まれてくるものなんですよね。

近藤　たとえば、日本の箸には、素材や形状、使い方、それぞれに文化が息づいているわけですよね。日常生活の中に文化がしみこんでいるいい例かと思うのですが、合理主義や機能主義が行き過ぎて、毎日の生活の場面場面にある文化の価値を見過ごしているように感じます。

小林　親が学んできたことって、さらにその祖父母から受け継いでいるもの、つまり財産ですよね。それこそ文化じゃないかと思う。食卓はまさに、文化継承の場なんですよ。それに食卓をめぐる光景も貧しくなりましたね。食事のときにはテレビを消そうよと僕はよく言うんです。僕が言うのは忸怩たるものがありますが（笑）、家族で一緒に話をしながら食べるという日本の食卓はどこへ行ってしまったのか。今、そもそも家族が食卓に揃わないし、揃っても皆テレビを見ていて会話もしない。

近藤　朝のお弁当だって、かつてはみんなお母さんが早起きして卵焼きだの何だの作ってくれたわけですよね。そこで情が通じていたんです。出来合いのものを持たせたり、お金を渡して買わせるばかりでは、親子のコミュニケーションは成り立たないですよ。

小林　このところ、いじめが原因とされる子供の自殺が問題になっていて、学校や教育委員会の対応がマスコミに取り上げられて非難されているでしょう。確かに学校側の対応には首を傾げたくなる場合もある。でも他者を責める前に、わが子の自殺について自責の念にかられなければならないのは親ですよ。一緒に暮らしていて、目を見ながらご飯を食べていれば、子どもがどれだけ悩んでいるか分からないはずがない。

近藤　まったく同感です。

小林　それに今、テレビ局に勤める人間が、子どもや孫に自信をもって自局の番組だけを見ていればいい、と言えると思いますか。

近藤　ノーでしょうね。テレビに限らずメディア一般が、コマーシャリズムや短期成果主義に毒されていますから、短い間に目に見える効果、つまり視聴率や購買部数を追い求める。その結果、俗悪な方向に内容が流れがちになってしまう。文化をつなぐのが食で、それを妨げるばかりか親子のコミュニケーションを断ち、文化の低俗化を増長するのがテレビである、と（笑）。

小林　残念ながら。そういえば、外国でダイニングにテレビがあるのを見たおぼえがないですね。

近藤　フランスでもおそらくダイニングにテレビはないですね。テレビは、食事が終わってからリビングで見るものであって、食事をしながら見ている光景は思い浮かばない。

小林　国際交流を図るにしろ、世界遺産を守るにしろ、その基本となる精神、文化を養うのは家庭の食、食卓ということでしょうか。

近藤　テレビを消して家族の絆を取り戻す。先人や文化に対する敬意も、そこから生まれてくるということですよね。

（2008年3月1日）

第21章　サマルカンド・ブルー

2005・8・1

白鳥はかなしからずや空の青海の青にも染まずただよふ

若山牧水

色と文明

詩人が「もし空が真似をしなかったら、他に比べるものはない」と歌った紺碧のモスクは、サマルカンドの象徴です。昨年秋、中央アジア文化ミッションを率いて、この「青の都」を訪れることで、少年時代の夢が叶いました。

そのひとつグリ・エミルは、チムール自身が眠る廟で、1941年ソ連の人類学者ゲラシモフによって墓が開けられ、チムールの体の特徴が確認されました。その直後に起こったナチによるソ連侵攻は、「私がこの墓から出たとき、世界は崩壊するだろう」という墓に刻まれた予言の正しさを示すものというエピソードは有名です。

素朴で親日的な人々、バザールの賑わい、山積みされたリンゴや野菜、干し葡萄、ナッツ類などとともに、モスクの魅惑的なブルーに、初めて訪れる私は何とも言えぬ「なつかしさ」を覚えました。しかし、このいわゆる「サマルカンド・ブルー」の釉薬の調整に必要な伝統技術は、日々失われつつあるようです。日本が、ユネスコにある「無形文化財保存・振興日本信託基金」を使って、この貴重な技術を保存し、次世代へ継承していくことを支援していることを知って嬉しく思いました。製法や技術を電子文書化し、教育制度や組合の設立のお手伝いをしている由です。

このブルーという色は、古代ギリシャ・ローマでは否定的な色であったそうです。同時に西欧ではニュートンがプリズムによって光から7色のスペクトルを発見したことや、ゲーテの『色彩論』等色についての研究が進んでいることも知りました。しかし色に関する限り、音楽における十二平均律、絵画における遠近法のような、世界を制覇する「体系」を、西欧はついに作り上げませんでした。色を数値に置き換えて表したマンセルの色相環は音階に似ている面がありますが、平均律や五線譜に当たるものはなさそうです。

人間の文明の進歩に伴って、色の認識や命名も進歩したようです。最初は明暗を現す白と黒、次に血と火の色、生命の色といえる赤、そして大地や環境の色である黄色や緑、赤との対立において青が定位され、そこからピンクや灰色などの中間色へと進むようです。アフリカでは白、赤、黒が基本色で、特別な感情的、宗教的価値が認められている由です。盲目のひとが開眼したときに認識する色の順もこれと同じだそうです。確かにフランスのラスコーで見た牛などの壁画は、いずれも赤と黒と褐色でした。ギリシャの壷も赤と黒です。ニーチェはギリシャ人は青と緑について色盲だったと書いたそうです（以上、小林康夫『青の美術史』）。

日本でも古代の神話では、黒（玄）、白、赤《土、丹》が圧倒的に多いそうです（伊原昭『文学にみる日本の色』）。あるいは古代日本人の色彩感覚のもとは、赤、黒、白、青で、それぞれ明、暗、顕、漠を意味したそうです（大岡信／編『日本の色』）。中国の陰陽五行説では、新緑をさす青、火の赤、大地の黄、陰である白、煤の黒を正色とし、日本もそれを受け入れましたが、いつの間にか黄が脱落したようです。

時代が進むにつれ、東西共に様々な色が認識され、命名されましたが、その過程で差異が出てきたようです。その典型が紫のもつ意味合いです。日本では、推古天皇の時代に定められた冠位の六色十二階では、紫が最高の色とされ、高貴なひとの象徴でした。江戸時代には高僧の衣の色として適切か否かで論争がありました。また源氏物語のヒロインは紫の上であり、作者は紫式部です。当時の「みやび」の象徴的な色だったと言えましょう。

これに対し、古代ギリシャでは、ホメロスが悲しみや死を表わす色としたように、下品、不吉、死の象徴だったようです。その背後には、この色がそもそも物理学的にみて不可思議な色であることがあるのかも知れません。赤と菫はスペクトル上もっとも離れていますが、それらを混ぜると紫となり、赤でも菫でもない全く独自の感情を導く色相環ができるのです。従ってこの色が心理的に矛盾をはらむ色と受け取られるのは当然かも知れません。

日本人の分裂症患者も、紫に「死」を感じるとの研究結果もあるそうです。それは、ひとが窒息状態になると、唇や顔が紫色になることからくるのではないか、つまり、紫は生から死への転換の色であると認識されているのではないかということです（以上、岩井寛『色と形の深層心理』より）。変化は一方で多様性を孕みつつ、心理的には不安につながるということのようです。

青はオリエントの色、そして天空の色

さて今回のテーマである青についても、深い歴史があるようです。西欧にとっては、青はまずエジプトやシュメールなど「オリエントの色」でした。それはこれらの地特有のラ

ピス・ラズリという石がもたらしたものです。マルコ・ポーロも今のアフガニスタンに当たる地域で、この美しい「碧玉」に魅惑されたようです。

青は実は晴れた空の色であり、海の色、水の色です。地球のどこへ行っても見られる親しみ深い色のはずです。宇宙から見る地球が青いことは今や知らない者はいないでしょう。上述のラピス・ラズリという石の名前は、ラテン語の lapis（石）とペルシア語の lazuli（空）の合成語で、まさに「天空の色」です。しかし、青い生き物は少なく、また自然界に染料となるものもあまりありません。ラピス・ラズリと、貝や熱帯魚の一種と、植物の藍だけです。あるファスト・フードの売り子さんが青い手袋をはめているのは、それが人工の色なので、食べ物に混ざると目立ち易いからだそうです。こうした特殊な自然の環境が、人間の青に対する原初的な認識をもたらしたのかも知れません。

西欧ではその後キリスト教とともに青はいろいろな画家によって、いろいろな意味合いで使われるようになりました。『青の美術史』（小林康夫著）は青について極めて多くのことを教えてくれますが、フラ・アンジェリコを初め、「受胎告知」に見られるマリアが着るマントの青は、まさしく天上の色として使われていると見るべきだそうです。

抜けるような青空、底知れぬ深い海など、そこには無限に通じる空間が感じられます。空間性については、ダ・ヴィンチが『空気遠近法』で、遠方にある対象には青を加えると遠近の実感が出ると述べているそうですが、ゲーテの次の言葉ほど青の空間性と魅力の秘訣をうまく表現したものはないでしょう。

「高い空、遠くの山々が青く見えるように、青い面もわれわれから遠のいていくように見える」「われわれから逃れていく快い対象を追いかけたくなるように、われわれは青いものを好んで見つめるが、それは青いものがわれわれに向かって迫ってくるからではなく、むしろそれがわれわれを引きつけるからである」（『色彩論』ちくま学芸文庫）

青は沈潜、収斂を表わすとともに、深い海や夕闇に通ずる青は、闇との境をも表わし、何か根源的ともいえる不安、憂鬱を表わします。ピカソの「青の時代」にあるのは、孤独と苦悩と悲哀そのものです。精神病理学者岩井寛氏によれば、青は集合無意識の世界を表わす色であり、意識と無意識の境界の色なのです（前掲書）。

青は空にも海にもありますが、地上に青いモノはほとんど存在しません。水も空気も手にとれば透明です。この辺りから、ひとは青に神秘性、非現実性をも感じたのでしょう。「青い鳥」は架空の鳥、夢の鳥です。１９７６年に芥川賞を受賞した村上龍の『限りなく透明に近いブルー』は、無軌道な青春の行為が、奇妙な非現実性をもって描かれています。井上靖の『蒼き狼』というタイトルには、「上天より命ありて生まれたる蒼き狼ありき」というモンゴル族の源流に関する伝承と共に、この歴史小説を貫くチンギスカンの生成の秘密が宿っています。私のサマルカンド・ブルーへの憧れも、このあたりから来ているのかも知れません。

第22章　日本の色

2005・8・1

我が衣　色どり染めむ　味酒《うまさけ》　三室《みむろ》の山は　黄葉《もみち》しにけり

『万葉集』一〇九四「新潮日本古典集成」

色見えで　うつろふものは　世の中の　人の心の　花にぞありける

小野小町『古今和歌集』七九七「新潮日本古典集成」

カラスの青

日本を含め、文明の初めは、明暗や、生命、自然を現す色が認識され、次第に広がりを見せ始めるようです。日本で色彩に関する文化が大きく発展したのが平安時代であることは、容易に推測がつきます。醍醐天皇の勅令によって975年に施行された延喜式には、衣裳のための色名、それを染め出すための植物染料、生地、媒染剤　顕色剤などが詳細に規定されており、色を国家的に重視したことが伺えます。このように上代には30種程度だった色の種類は、この時代には120種、近世には300種を超えるそうです（伊原昭『文学にみる日本の色』）

色の発展が、原色から中間色へ向くことは前号で書いた通りですが、これは特に日本において顕著なようです。もちろん赤や黒といった原始からの色が、引き続き使われてきたことは当然です。精神分裂症のひとは、赤と黒に特異な反応を示す由で、これらが生命やそれに対する恐怖を表わすことは古今東西を通じて変わりません。「伴大納言絵巻」の迫力は、その筆致、異時同図を駆使した、観る者の視線を見事に誘導する技法などにあるだけでなく、朱雀門や燃え盛る火、さらに馬の飾り紐の赤と、煙、人の頭の帽子、馬の鞍の黒が、効果的に使われているからです。

また前章で述べたように、日本では、青は漠を意味し、白から黒まで含んでいるようです。「白馬の節会」を「あおうまのせちえ」と読むのはその一例です。愛・地球博の帰りに名古屋で見た蕪村の「鳶鴉図」（北村美術館）では、カラスの黒い羽の中に、実に効果的に青が隠れているのが分かります。

安らぎの緑と日本人

日本の色の特徴と言えるものは、緑と茶ではないかと思います。これは自然特に植物を愛し、木の家に住み、土で作った茶碗で飲食をする民族にとって不思議なことではありません。とくに平和が続いた平安時代と江戸時代には、王朝文学の傑作である「源氏物語絵巻」の緑や、町人文化に流行った茶など、穏やかで深みのある色が好まれたようです。

能舞台の背景として、木に書かれた老松は若苗色、歌舞伎の定式幕は黄緑、黒、そして茶に近い柿色です。自然への回帰や安心に通じる緑は、東洋人の愛するところでもあったようです。中国、朝鮮、日本で青磁が愛されたのも、そうした理由でしょう。また江戸の元禄時代は、役者の名前が、色の名前になったそうですが、路考茶、岩井茶など、当時茶が流行していたことを示しています。手許の三つの色辞典での色の種類の配分は以下の通りです。予想以上に緑と茶の種類が多いのです。

吉岡幸雄『日本の色辞典』（２００４年）

赤系：90、茶系：83、緑系：50、白黒系：42、青系：41、紫系：40、黄系：36

日本色彩研究所『色名小事典』（２００１年）

緑系：50、赤系：40、青系：40、紫系：30、茶系：25、白黒系：20、黄系：15

日本流行色協会『日本伝統色色名事典』（2003年）
赤系：33、茶系：24、緑系：22、青系：19、紫系：17、白黒系：16、黄系：12

「源氏物語絵巻」

絵巻物のうち、時間の経過を含まない情景描写をした「段落式」では、「つくり絵」という技法で、墨の線で下描きをし、その上で画面全体に絵の具を塗り重ねて彩色し、細い墨線で目鼻などの細部を描き起こします。微妙なニュアンスや表情を見せることを主眼とするこの方式を「女絵」というそうです。動きを中心とする「伴大納言絵巻」のような連続式絵巻は逆に「男絵」と呼ばれます。「源氏物語絵巻」は、女絵の最高傑作ですが、造形表現における男女の性差の研究家として知られる武蔵野大学の皆本二三江名誉教授によれば、この絵巻では、その基調色として緑、特にパステル調の白緑という色が最も多いそうです。

また洋の東西を問わず、女子は男子より、色に対して早くから関心を示し、使う色の数も多く、ピンク、黄、肌色など明度の高い色や水色などの中間色が好きで、かつコントラストの中和された色合いを好むそうです。男子は色よりも形にとらわれ、線描でも満足し、黒、赤、青など明度が低く、相互にコントラストが強い色が好きだそうです。似た色である青と緑を比較すると、男子は青、女子は緑が圧倒的に好きな由です。「源氏物語絵巻」は複数の女性の専門絵師たちの共同作品であるという、同教授の推定の論拠のひとつです（『だれが源氏物語絵巻を描いたのか』）。

植物染料

自然との調和、緑や茶を愛した日本人が、植物を染色の原料としたのは当然です。日本語の色を表わす語は、「しろ」「くろ」「あか」「あお」が基本で、それらはすべて「しろい」「しろさ」のように派生形が整っています。他の色は、染色原料たる植物の名前をそのまま使ったようです。藍や茶などです。これらは「あいい」とか「ちゃさ」などの派生形をもちません。伊原教授によれば、日本の伝統色225種のうち、66％に当たる約150種が植物の名をもちますが、現代の英仏の色名では、植物からとったと思われるものは、3割程度だそうです。冒頭の万葉集の歌にあるように、日本人は古代から、自然の美しい色を衣服に染めたいと考えてきたのです。

日本の色のもうひとつの特徴は「襲《かさね》」です。これは主に一着の袷《あわせ》の、裏と表の布の色が重なった色合いを指しますが、上着と下着を重ねた場合や、多くの着衣を着たときの全体の色合いも含みます。季節に合わせることが基本で、『山科家説色目』には200種以上が、『源氏物語』などの王朝文学に限っても130種余りあるそうです。春の桜のときは「桜襲」、五月は「菖蒲襲」などです（伊原前掲書）。単色よりも、さまざまな色の対比や融合による色の和を好んだのです。

平安時代はこの襲のセンスが重要で、宮廷の女房社会では、「この素養のないものは仲間入りができないほど重要」だったようです（長崎盛輝『かさねの色目』）。清少納言も、「すさまじきもの。昼吠ゆる犬、春の網代、三四月の紅梅の絹」として、早春に着るべきものを晩春に着ることの興ざめさを書いています（『枕草子』）。また、『源氏物語』でも、「撫子《なでしこ》の細長に、このごろの花の色なる御小うちぎ、あはひけ近ういまめきて、」（『源氏物語』胡蝶）として、撫子襲（表紅梅、裏青）の表着と、卯《う》の花襲（表白、裏萌黄）の小うちぎの組み合わせが、色合いが親しみ深く当世風である、と褒めている件《くだり》がありますが、ここでは「このごろの花の色」というだけで、誰もが卯の花であると分かることを前提としているように、季節と花、襲の関係を知っていることが当時は当然の教養であったのです。

ドナルド・キーン先生も、「11世紀の日本の貴族は、自分が愛情を捧げる相手の女性の、美的趣味の高雅さに関しては、断固として譲るところがなかった。……あるいは女の着物の袖をちらっと見ただけで、彼女が色彩配合の感覚に少しでも欠けるところがあることが分かれば、もうそれだけで彼の恋情は、一度にさめてしまったかもしれない」と述べています（『日本人の美意識』）。音楽では和音が得意でなかった日本人も、色の和音では、既に世界に冠たるものをもっていたのです。

しかし伊原教授によると、日本人の心を最も強く捉え、ひきつけてきたのは、白なのだそうです。上代のひとたちが、白に神性、呪力をみてきたことは、祭事の衣裳や供物を見れば分かりますが、万葉集で色が読み込まれている歌717首のうち、白を歌っているのはその41％なのだそうです。平安時代の古今集など8つの勅撰集では45％、中世の十三勅撰集では51％以上が白を歌っているそうです。

人間にとって色とは

特定の色、例えば青には、それ自体に何らかの普遍的メッセージがあるのでしょうか？　それともあるひとが感じる青への感情は、そのひとの過去の個人的体験、無意識下で他人と共通にもつ意味合い、属する文化の特性、社会的慣習、気候などにどの程度影響されるのでしょうか。性差があるとしたら、それは如何なるメカニズムによるのでしょうか。

色の世界については、音楽や絵画の世界におけるような、普遍的な西欧の体系ができないのは、これらとどのような関係があるのでしょうか。

セミール・ゼキによれば、ひとが色を認識するときは、単に対象が反射する波長の絶対量のみではなく、その対象の周辺からの反射と比較することによって、色の判断をするそうです。例えば緑の対象物に沢山の赤い光線が当たって反射しても、周辺で反射される波長と比較して、それが依然として緑であると判断する、つまり脳は光の変化に惑わされずに、色として恒常的なものを求める作業を行うのです。

また色ごとに、それを見た脳細胞が興奮するまでの反応時間を測定したところによると、赤や黄色は反応時間が早く、緑や灰色は反応時間が遅いことが判明したそうです。ロールシャッハ・テストという実験によれば、情緒と知性のバランスを欠き、情緒が優勢か、または情緒のコントロールが効かぬ人は、形より色にオーバーに反応するそうです（岩井寛『色と形の深層心理』）。ひとが受け取る情報の80％は視覚情報だそうです。従って色という情報は、他の感覚器官が受けるものよりはるかに大きなインパクトを脳に与えると考えられます。

このように、色に対する脳の生理的反応のメカニズムは少し分かってきたようですが、美意識という心理作用、つまりあるひとやグループが、何故ある特定の色を好むのかについての解答は、まだ科学的に解明されていないようです。ただ確かなことは、色は、文字や形に比べて極めて感情的、感性的なメッセージ源だということです。

この点から見れば、世の中の不条理、移ろい易さ、変容を受け入れつつ、ものごとの全体を見ながら、鋭い感性によって繊細な美意識を発達させてきた日本文化が、「色」の領域で洗練された認識を発達させてきたのは、当然かも知れません。また論理、永続性、部分への分析と再統合、体系化を旨としてきた西欧文化が、ゴチック建築に見られるような「形」を重んじてきたことも頷けます。

西欧人は、色を明度、彩度、色相に分けて分類し、波長という数学的、科学的手段で整理してはみたものの、色というもののあまりの移ろい易さ、情緒的要素の強さ、多様さゆえに、遂に十二平均律などのような理論や体系化に至らなかったのかも知れません。

美しいかどうか、それが問題だ

しかし色の体系化を模索する一方で、西欧美術はいろいろな実験をしてきました。固有色や輪郭線を放棄し、無数の小さな色域を集めて全体を構成するという印象派の試みや、色を形から解放しようとするフォービズムなどです。それらは、脳が恒常性を求めて、対象の色と周辺の色からの波長を比較する以上、その境が必要であり、それは即ち「形」であるということへの挑戦です。

また興味深いのが、モネの「ルーアン大聖堂」の連作です。同じ大聖堂の正面の絵が、さまざまな色で描かれています。あたかも対象から反射される波長の絶対量に基づいて描いている、つまり恒常性を目指す脳の調整機能に挑戦して、視覚だけで描いているとさえ思われるからです。彼がこれらの絵を、アトリエで、記憶を使って完成させたということは、暗示的です（ゼキ『脳は美をいかに感じるか』）。

色がひとの感性に与える影響の科学的解明はまだ先のようですが、西欧が様々な実験を繰り返す中、我々は、季節、天候、場、好み、身分などの限りない多様性を斟酌しなければならなかった平安時代の襲の奥にある審美眼を、美しい日本語と同様、心の感性や情緒の繊細さを磨き、維持するための手段として大切にしたいものです。西欧人にとっては、「正しいかどうか」が重要だが、日本人にとっては、「美しいかどうか」が重要なのだ、という言葉を思い出します。

第23章 やまとごころ ——その1

2005・8・2

梅雨蝶の森を抜けゆく白さかな

黛まどか

文化外交懇談会の提言

第10章でご紹介した、小泉総理の下の「文化外交の推進に関する懇談会」の提言をまとめた報告書「『文化交流の平和国家』日本の創造を」が、7月11日に総理官邸で小泉総理に直接手渡されました。

冒頭の黛まどかさんの俳句は、懇談会の委員としていろいろな御提言を頂いた後、この報告書のために作って下さったものです。また報告書の表紙は、同じく委員をお願いした美術家の宮島達男さんのディレクションの下で、ご友人のデザイナー藤原光寿氏に創作していただいたものです。これまでの提言の中で、内容とともに装丁も最も文化的価値のあるものであることは疑いありません。

この提言は、文化外交にとって重要な3つの理念と、その実現のための行動指針を、20ページ程に凝縮して提示しています。三理念とは「発信」「受容」「共生」です。

「発信」としては、物心両面における豊かな生活を創りあげるための日本の生き方を、「21世紀型クール」という社会モデルとして世界に提示していくことを唱えています。そこでの鍵は日本語の普及と、「入り口」としての現代文化（ポップ・カルチャー）です。

「受容」という概念は、外国文化の単なる一方的受入れではなく、文化の自由な交流を可能にする公共空間をつくることで、留学生の積極的受入れ、アーチスト・イン・レジデンスや地域研究の拠点づくりなどのプログラムを推進することです。これは日本の文化交流政策としてはかなり新しい、歓迎すべき発想です。

「共生」の概念は、文明間対話の場を設定することなどによって、日本の和の精神を広め、世界の多様な文化の間の架け橋となることで、21世紀の世界の平和に貢献していこうというものです。

「『文化交流の平和国家』日本の創造を」と題するこの提言書の表紙のデザインは日本文化の粋を示しています。そこには、自然を表わす花鳥風月や虫、ひとと共生するロボット、謙虚な日本精神を代表する柔道、クールなアニメを連想させる吹き出しなどが埋め込まれています。そして中扉に掲載された黛さんの俳句は、その説明にあるように、うつろう国日本の象徴としての白をまとった蝶を詠んでいます。そして三色刷りという予算上の制約の中で、藤原さんが選んだ色は、神聖な色である白、自然と安心の色である緑、そして古代から高貴とされてきた色である紫です。お気づきのように、前号の「日本の色」として言及した色ばかりです。もうひとつ色を加えることができたとしたら、藤原さんはどの色を選ばれたでしょうか。私は茶か、わずかな赤だと思います。

時空を超えて

これからの文化外交、その基調をなす文化交流を進めるに当たって重要なことは、人類や地球を全体として見ることです。長い歴史と、地理的広がりを全体として包み込むように把握しつつ、その部分である自分をしっかりと見つめることです。「世界文明フォーラム」でアル・ゴドゥス大学（パレスチナ）のサーリ・ヌセイベ学長が言ったように、ひとは独立した存在ではなく、全人類、そして地球という全体の一部であることを忘れてはなりません。最近のミシガン大学の研究によれば、日本人や東洋人は、西欧人に比べて、景色を見るとき、その全体を見、把握するのが得意だそうです。西欧人は目の前の特定の対象に注目するのだそうです。DNAのなせる業か、長い文化、社会の発展の結果なのかは分かりませんが、我々が自信を持って良い分野です。

そして同時にフォーラムでハーバード大学のアマルティア・セン教授が言ったように、個人は文明や、国家や、宗教という「箱」から自由になり、お互いに個人としてネットワークとしてつながり、お互いに「interact」することで初めて正義が実現し、人間らしく生きていけるのです。

他方個人は個人として自由であるべきですが、ネットワークの科学によれば、同じ地域の住民や、同じ職場・学校に友人、趣味や志を同じくする友人と緊密な関係、すなわち「クラスター」をつくることは、世界とつながる上で障害になるどころか、むしろ必要ですらあります。クラスターは地域文化、伝統芸能、方言などの地場となり、ひとに帰属感と安らぎを与えます。そしてそこでできる独自の価値観、世界観、自然観は、それらが長距離リンクで世界とつながることで、普遍的なるものを発見・吸収して成長します。同時にこのリンクを通じて個別性を発揮し、普遍的なるものの形成・発展に寄与もするのです。同時クラスターに閉じこもり、防御的になると、その文化はやがて滅びるか、博物館行きになるでしょう。

漱石とグールド

これらの「つながり」は、クラスター内であれ、長距離リンクであれ、具体的成果を狙って、あるいは効果を計算してできるものではありません。それを決めるのは、ＪＥＴの同窓会が大切にしようと言った縁《えにし》です。個人は、淡々と、自らの信念に従ってひととと会い、会話し、交信すれば良いのです。

長距離リンクの代表例が、夏目漱石とカナダのピアニスト、グレン・グールドです。35歳のグールドが汽車で旅行しているときに、偶々知り合ったある文学の教授から送られた『草枕』の英訳が、遠く離れた二人を、細いけれど極めてインパクトのあるリンクでつないだのです。二人のもつクラスター同士もつながれたのです。

「Interact」すべき相手は、同時代のひとに限りません。プラトンや紫式部のような過去の賢人、芸術家とも対話できるはずです。13世紀の宋の無準というひとりの禅僧と、京都の東福寺の聖一国師との間にできた師弟のリンクは、禅宗を日本に広げ、それが７５０年後に、ある中国の文人を通して、現代の中国に戻っていくのです（第3章参照）。昨年秋に行われた鎌倉国際茶文化祭では、中国、台湾、韓国の60人以上の茶道家が、それぞれの流儀で、日本の茶道家と交流するのを眼前にしました。日本の家元は、中国における茶道復活のため、浙江省の樹人大学で教鞭をとっているそうです。時間と空間を越えたもうひとつのリンクです。

共鳴しあうもの

計算せずにつながるだけで、何故リンクができるのでしょうか。それはひとの心の奥底には、他人と響きあうものを求める力があるからと思わざるを得ません。青い色を見てひとが等しく夢と不安を感じることや、ユングが集合的無意識と呼んだものと関連があるのかも知れません。理性や理屈、計算を離れ、無我の境地になると、ひとは共鳴し易くなります。色や音は、それを促す極めて情緒的な情報です。

狂言の『宗論』で、言い争っていた二人の僧侶が、念仏を一心不乱に唱え始め、遂には踊り出してしまったとき、仏に仕える身という共通点を感じたのも同様です。理屈ではなく、踊り狂うことで、理性、利害という障害が除去されたのです。インドネシアのプサントレン（イスラーム寄宿塾）の先生が、日本にこそイスラームの教えが宿っていると感じたのは、日本人による説明ではなく、日本の自然と文化に身を置き、茶を楽しみ、日本人と肩のこらない接触をしたからです。小林秀雄は、「現代人は意識出来るものに頼りすぎている……意識にのぼるものだけが知恵だと思い込んでいる……本能と呼ばれている本質的な知識を、動物の世界に追い込んで、平気でいる」と述べています（『「本居宣長」をめぐって』江藤淳との対談）。

芸術やスポーツ交流の意義がここにあります。二者の対話では、コミュニケーションに占める言葉の割合は、わずか35％だそうです（マジョリー・F・ヴァーガス『非言語コミュニケーション』）。理性の作る「箱」からひとを解放してくれるのは芸術の創造性です。神は、バベルの塔を建てた人間の賢しらを罰するため、言語をばらばらにしましたが、言語によらずに共鳴し合う能力は、奪わなかったのです。

6月、日韓友情年の記念公演である、平田オリザさんの劇「その河をこえて、五月」を観ました。劇中、お花見中の日韓の若者が作り出す、ふとした沈黙、間が印象的でした。何の言葉も発しない「沈黙」がもつメッセージ性は、韓国人やフランス人にも理解されているとのことです。

やまとごころ

それでは、われわれが世界とつながりながら、世界に伝える価値観、懇談会の報告書で「21世紀型クール」と評価されているものの奥にあるものは何でしょうか。

日本人の精神的価値観を表わす言葉として、まず頭に浮かぶのは、「やまと心」であり、そこで必ず引用されるのが、桜を愛した本居宣長の次の歌です。

敷島の　やまとごころを　人とはば、朝日ににほふ　山ざくら花

もうひとつは、彼が源氏物語から取り出した、日本人の美の理念としての「もののあはれ」です。これらの言葉は、いさぎよく国粋主義的、情緒的で女々しいなどの否定的ニュアンスをもって語られることが多いようです。しかしこれらの解釈は必ずしも宣長の意味するところではなかったように思えます。

小林秀雄は、「やまと魂」と「やまと心」は、それぞれ源氏物語、後拾遺和歌集に初めて出てくるが、いずれも学んで得た技芸や智識である「才（ざえ）」に対し、これを働かせる知恵、「心ばへ」、人柄とかに重点をおいた言葉として当時使われていたし、宣長の認識もそうであると述べています（『本居宣長』）。

また、「もののあはれ」について宣長が言いたかったことは、「『物のあはれとは何か』ではなく、『物のあはれを知るとは何か』であった」と述べています。彼は続けて、ひとには万事について感動するという、知識や分別を超えた基本的な人間経験があることを宣長は理解し、それを「高次な経験に豊かに育成する道」として考えていたのが、「物のあはれを知る」という「道」であると述べています。

東京大学の齋藤希史助教授も、宣長の目的は、「もののあはれ」という日本的情趣の特質を解明するのではなく、そういう情趣を感じることが如何なる精神活動かを考えた上で、対象のもつ情趣的本質にふさわしい感情が発露されることが、「もののあはれを知る」ことであると説くことにあると述べています。二人が歌を詠み交わすことによって共感し合うこともそれに含まれます。物語においては、「もののあはれを知る」主人公に、読者は感情移入をすることになるのです（『日本を意識する』）。

さらに同助教授は、「自我・意志・理性を人間の主体的精神とし、その『力』により自立し、他者を凌駕・支配してでも生き抜く『強さ』に価値を置くのか、そうではなく、感受・情緒・共感の精神により、他者と親和的に一体感を共有し『共生』することに価値を見いだすのかという命題は、人間の生き方の問題として『日本』に限らぬ普遍性を有している」が、宣長は「全面的に後者」と述べています。

こうした解釈に立てば、「やまとごころ」も「もののあはれ」も、西欧「近代」に代表される知識や合理性の「体系」に閉じこめられず、身近な生活の中に自然に感じられる美しさ、調和、感動、安らぎなどを大切にする思想で、懇談会の提言が掲げる「21世紀型クール」や「共生」に通じる概念だといえます。

しかし、こうした価値観を日本民族や国家と結び付けてはなりません。これらは日本の地で発達した価値観ですが、世界で多くの人が共有しています。ドナルド・キーン先生ばかりではありません。かつてジャポニズムに惹かれた芸術家も、世界のアニメ・マンガ世代も、「やまとごころ」クラスターの仲間です。他方日本人でもこの感覚を評価しない個人が沢山います。「やまとごころ」クラスターに参加するか否かは、民族、宗教、文明に拘わらず、個人の自由に任されるべきなのです。

女童心と性差

宣長が批判される背景のひとつが、いわゆる「女童心」です。『あしわけをぶね』で「さて人情と云うものは、はかなく児女子のやうなるかたなるもの也。……もとのありていの人情と云うものは、至極まっすぐにはかなくつたなくしどけなきもの也」と述べていることなどがその理由です。「もののあはれ」を、「哲理の世界及び道徳の世界のほかに、独立せる一つの世界を賦与したことは、……非常な卓見」であると評価した和辻哲郎も、それが示す「女々しきはかなさ」は、平安王朝文芸特有の「意思弱きもの、煮え切らぬ感情の横溢」であって、「女の心に咲いた」、「男性的なるものの欠如」したものと批判します（『日本精神史研究』）。

しかし第17章で言及したように、ひとには物事をシステム化し、力で支配しようとする傾向と、共感、共生を求める傾向の両者があり、平均すれば前者は男性に多く、後者は女性に多いのは事実ですが、それらは生命の維持にとって等しく必要な要素です。強いものが勝つことで種の生存可能性が高まりますが、一人勝ちではなく、共生が成り立っているからこそ、生命系は存続しているのです。

「やまとごころ」や「もののあはれ」が、西欧の思想と比較して、理性より感性を重んじるものであることは事実ですが、それを自慢することも、恥じることも誤りだと思います。「もののあはれ」は女々しく、潔く散る武士の心構えは男らしいというのも、思い込みのような気がします。生存のために冷静・合理的なシステムづくりを得意とする男脳は、家族を置いて情緒的に死ぬことは、非合理として避けるでしょう。日本男児の好きな「浪花節」もあまりに情緒的で、男脳にはなじみません。

多様性による環境適合

フランス人は自分の国を、誇りをもって女性形で表わします。ＯＥＣＤのデータでは、女性は読解力において男性より圧倒的に優れ、数学では男子が優れ、科学では有意な差は認められませんでした。

そもそも自然界に雌雄があることの意味は、あらゆる環境の変化に対応できるための、子孫の多様性の確保です。四六本の染色体をもつ人間の場合、減数分裂の際に起こる組み換えの結果、配偶子がもらう23の染色体の組み合わせは70兆通りを超えるそうです。それぞれ70兆以上の組み合わせからできる精子と卵子がつくる受精卵は、70兆×70兆以上の種類が可能になるのです（桑村哲生『性転換する魚たち』）。地球上の人口60億と比べるまでもなく、これは実に大きい数字です。この結果固体として、あるいはグループとして膨大な多様性が生まれます。

この多様性が環境変化への抵抗力となっているのです。個々の固体に環境への適応力をもたせるのではなく、グループ全体が多様な個をもつことで、全体の生存が確保されるのです。男性的か女性的かの度合も、多様性の多くのスペクトラムのひとつに過ぎず、また生物学的にオスであろうとメスであろうと、固体によって多様です。魚の中には、状況の変化に応じて種の生存を確保するため、性転換するものまであるそうです。個が集まったグループ（人間の民族など）もまた同様の多様性をもちます。したがって世界の流れが、一方向、例えば合理性に傾きすぎていると思えば、バランスを回復するために、感性を重んじるグループがその特徴を生かそうとするのは自然の摂理とも言えることです。冒頭の「提言」は正しい方向を向いています。

第24章　やまとごころ――その2

2005・8・2

難波津に　咲くやこの花　冬ごもり　今は春べと　咲くやこの花

『古今和歌集』仮名序「新潮日本古典集成」

近代による体系化

人類は古代からさまざまな地域で、様々な民族が知識を蓄え、伝え、発展してきました。それは一方で芸術や文化の分野の創造性を高め、多くの文化遺産を残してきました。他方で科学や政治・経済思想も発展しました。それら全体を16～17世紀に他に先駆けて結集し、体系化したのが近代西欧です。そこでは、デカルト的二元論と合理主義、要素還元的な科学技術、進化論的哲学、近代国家システム、民主主義や市場経済というメカニズム、音楽における十二平均律や五線譜、絵画における遠近法や陰影法という数学的体系、英語という普遍的言語などが、相互に影響し合いつつ発展し、包括的・普遍的価値体系として世界に拡がってきました。

これらは人類に未曾有の貢献をしてきました。しかし普遍性という衣をつけたシステムや体系のあまりの強さゆえに、世界は合理性、効率性などの方向に行き過ぎているように思います。ルネッサンスの芸術文芸にも見られた「当初から自然の克服という思想」（パノフスキー『イデア』）がその問題の根本にあります。バランス回復のために、「やまとごころ」が有益な状況に至っているように思います。

しかし、この「やまとごころ」はあくまで「正しい」意味で理解され、伝えられなければなりません。それは日本の歴史において長きにわたって熟成されてきたものであり、本居宣長によって概念化されたものであって、決してある時期に強調された、国粋的なものであってはなりません。それは、世界のバランスを取り戻すという意味で、日米開戦直後に京都に集まった文化人たちによる「近代の超克論」に似ているかも知れませんが、決して日本優越論、戦争の肯定であってはなりません。文化や思想が伝わるのはそれ自体の魅力によるのであって、腕力によってではありません。

ナショナリズムの超克

小林秀雄は、宣長は「日本に還ったんじゃない。学問に還ったのだ」と言っています（『江藤淳との対談』）が、過去において日本文化を称える主張が、国粋主義者に利用されたのは宣長に限りません。岡倉天心の「アジア主義」の主張も、実は美術の世界に限ったものであり、翻訳の際に国粋的ニュアンスが加えられたに過ぎないそうです（木下長宏『岡倉天心』）。これは今後最も注意すべきことです。欧米は常に「日本人論」復活への懸念を抱いているからです（Ian Buruma, Oxidentalism）。

「もののあはれ」を訴えることとは、ネイピアが言うように、西欧の価値観とは異なる選択肢の提示です。しかしそれは個人として西欧文化と「interact」することであり、国を挙げての反西欧ではありません。それは過去への「回帰」ではなく、時空を超えて、未来に発展していくものです。「ナショナリズム」の「箱」に閉じ込めてはいけません。日本も西欧も、所詮人間や地球の生態系という「全体」を構成する「部分」に過ぎません。そしてひとりひとりが「システム脳」と「共感脳」を異なるバランスでもっています。平均すると西欧人は前者に傾斜し、日本人は後者です。西欧が「体系化」が得意で、日本人はそれを堅苦しく思うのはそのためです。

しかも日本人は、自分の価値観を言葉で表わすことを伝統的に嫌います。小林秀雄は、宣長は「物のあはれを知る」ことを理想としたが、それを規範として掲げて「人に説くといふ事になれば、嘘になり、空言となる」と考えていたこと、そして紫式部も同様に、「物のあはれ」の本質を押し通そうとすると、賢しらな「我執」が、無心無垢にも通ずる「本質」を台なしにすると考えていたと言います（『本居宣長』）。日本人が物事の「体系化」のマイナス面に敏感であることを語っています。

普遍的なるものとの葛藤

日本人はこうした性格の下、数千年にわたり中国や西欧の文明という、その時々の「普遍的な力」に直面し、それを消化吸収しつつ、特有の価値観の表れとしての日本語、和音楽、絵巻や日本画、洗練された色彩感覚を維持してきました。「からごころ」も西欧の科学技術も強力かつ説得的で、日本人にとっては取り入れる以外の選択肢はありませんでしたが、その「体系」と「賢しら」ぶりは常に緊張を生み、平安や江戸のような平和が続く時期や、また欧米との対立が表面化する昭和初期に、静かに、ある時は激しく「やまとごころ」への回帰現象をもたらせたのです。

そしてグローバル化を前にした今、日本人は再び欧米の「賢しら」を感じ、この60年のみならず、150年の歩みをも振り返り始めました。そして次第に「やまとごころ」を表す地域の祭や伝統芸術、美しい日本語に安らぎを感じ、それが学習指導要領にも反映されています。個人として自由を得つつある日本人が、地域で立ち上がり、埋まっているものを掘り起こし、磨き上げ、外に広げようとしています。

世界の「普遍的なるもの」は、日本文化との絶えざる「interaction」を通じて、日本という個別の価値を吸収することにより、一層豊かになります。そこでの「翻訳」は常に大量の知的エネルギーと忍耐力を必要とします。とくに言葉で「説く」ことの不得手な日本人が、「調和」や「共生」、「あいまいの美」という概念の価値を世界に理解させるのは至難の業です。しかし諦めてはいけません。「翻訳」の過程は苦しくとも、それは異なる文化を知的に結ぶ唯一の橋です。同時に良いものは必ず文化・芸術という手段により、感性を通じて共感を呼び、相手がそれを「リメイク」してくれることも期待できます。またそうした「interaction」を通して日本の文化・芸術の普遍性も高まるのです。この普遍と個別の綱引きが、文化に命を与えます。戯曲『夕鶴』で、金のもつ普遍的・合理的力を初めて知った「与ひょう」は、「つう」との約束を破って機織りの現場をのぞき見てしまい、「つう」は旅立ちますが、「与ひょう」が金と力を持たねば、安全も食べるものも確保できないのは紛れもない現実です。他方「つう」が家に残れるような、純粋でローカルな「心」をもたぬ人には、生きていく資格がありません。

理性的なものと感性的なものの関係は、普遍性と個別性の関係同様、洋の東西を問わず、人間にとって常に緊張を伴う、永遠の課題です。グールドが読んで心惹かれ、漱石とのリンクを打ち立てる契機となった『草枕』の冒頭の文章「智に働けば角が立つ。情に棹させば流される。意地を通せば窮屈だ」の英訳は、次の通りです。

"Approach everything rationally, and you become harsh. Pole along in the stream of emotion, and you will be swept away by the current. Give free rein to your desires, and you become uncomfortably confined."

こうした考えの下、個人がそれぞれのネットワークを使って他とつながり、「interact」することで、日本の地に熟成された文化と世界の文化が相互に刺激しあうことが、文化交流の基本であり、またそれを政府が奨励し、そのために必要な環境づくりを行うことが、広義の文化外交であり、パブリック・ディプロマシーなのです。その中心となってお手伝いをするのが外務省です。

重要性と緊急性

政策は、重要度と緊急度に応じて4つのカテゴリーに分けられます。重要で緊急のもの、重要だが緊急でないもの、重要ではないが緊急のもの、緊急でも重要でもないものです。誰でもまず第1番目のものに手をつけます。問題は限られた時間やリソースの下で、第2と第3のどちらを優先するかです。ひとは第3を優先しがちです。目先の、目に見える緊急性に引っ張られるからです。しかしそうして毎日を過ごしていると、いつの間にか重要なことへの対策が手遅れとなってしまいます。

テロや貿易摩擦など、日々変転する国際情勢の下で、外交には休む暇がありません。その中で文化外交の推進は、社会の活性化、経済効果、国民の自信回復、世界における国民の安全の向上、日本企業の海外での活動へのプラス、外交政策遂行の環境整備など、大きな効果が期待できます。そして世界の文明の成熟に寄与します。主権国家によって構成される国際関係の中で、国民の長期的利益を最大にする任務を負っている外交は、常に冷静さと合理性に徹したものでなければなりません。そうであればこそ、目に見える安全保障と経済的繁栄のみでなく、目に見えぬ中長期的利益を計算し尽くした上で、文化外交の重要性に十分な注意を払うべきでしょう。

潮時

人のなすことにはすべて潮時というものがある。
うまくあげ潮に乗れば幸運の港に達しようが、
それに乗りそこなえば人生航路の行き着く先も
不幸の浅瀬というわけだ、動きがとれぬことになる。
そういう満ち潮にいまのわれわれは浮かんでいる、
この有利な潮をとらえなければ、いのちがけの船荷を
うしなわねばならぬだろう。

シェイクスピア『ジュリアス・シーザー』小田島雄志訳

小泉総理に提出された「文化外交推進懇談会」の提言は、今こそ国民全体が日本文化を見直し、世界のために能動的役割を果たしていく「潮時」にきていることを告げているのです。今後総理官邸主導で行われる、文化外交推進懇談会の提言のフォローアップに期待します。

仁徳天皇の新しい治世の始まりにより、日本が寒い冬の雌伏から脱し、大きく発展する

ことを願った、冒頭の『古今和歌集』の仮名序の歌は、紀貫之によって「父」の歌とされました。今再び日本が文化を尊ぶ新たな時代に入ることを願って止みません。

あとがき

2008年7月初め、カナダのケベック市で開かれたユネスコの世界遺産委員会に、日本代表として出席した時のことです。日本が推薦していた平泉を世界遺産として登録することができませんでした。世界遺産となる条件である「顕著な普遍的価値（outstanding universal value）」の存在が証明されていないというのが理由です。

日本の歴史や浄土思想を知っている人なら誰でも、素晴らしい文化遺産であると認める平泉が、世界遺産として認められなかったのは何故でしょうか？　普遍的価値がないということは、平泉の価値は世界に通用しないということなのでしょうか？　それとも何が普遍的価値かの判断について文化による違いがあるのでしょうか？　普遍性と文化の多様性、固有性とはどういう関係にあるのでしょうか？　このエッセイ集のメインテーマが、改めて問われた出来事でした。

2003年の夏、私は4年にわたるパリでの勤務を終えて日本に戻り、外務省の文化交流部長というポストに就きました。仕事を始めるに当たって、三つの疑問がありました。外務省は、安全保障、対外経済関係、経済協力と並んで、文化交流を外交の四つの柱のひとつとしています。しかし限られた予算と人員の中で、自分は何をしたら良いのか、通常の任期である2年間で一体何ができるのか、これが最初の問いでした。第二の問いは、久しぶりに住む日本が、依然として第二の経済大国でありながら、どこか元気なく、人々が自信を失っているのは何故かということでした。そして第三は、アニメなどのポップ・カルチャーが世界の若者の憧れの的になっているのは何故か、それは何時まで続くのかという問いでした。

これらの問いの答えを探しながら、試行錯誤で仕事を始めるうちに、次第にこれらの一見相互に関係のない疑問が、底でつながっているのではないかと思うようになりました。加速する一方のグローバリゼーションとIT革命の下で、欧米が自己の価値観をいろいろな様態で深化・拡大させていることが、人々に様々な精神的重圧を与え、新たなアイデンティティーの模索へと彼らを駆り立てています。日本人は観念的にそのスピードに十分ついて行けず、また「格差」の拡大など伝統的価値観との葛藤を直ちに解決できず、自分をどこに位置づけるべきかについて人一倍悩んでいるのではないか。他方日本人の伝統的感性が、無意識のうちに若者によって新たな形で表現され、それが大きな価値変動の中にある世界に何かを訴えているのではないか。そしてこれからの文化外交は、こうした変動の中で政府と個人の関係も大きく変りつつあることを正しく認識することからスタートしなければならないのではないか……というように。

しかしこのような問題はひとりでいくら考えても、すぐ答えが見つかるものではありません。そこで世界で何が起こっているか、日本人として自分を取りもどすにはどうしたら良いかを様々な方々と一緒に考えていく方法を模索しました。そのひとつが、２００4年2月から始めた、ニュース・レター「文化外交最前線」のシリーズです。国内の先輩・同僚・後輩に郵送し、また外務省のホームページに載せました。見知らぬ方々を含む多くの方々から反響があり、「一緒に考える」という目的はある程度達成できたように思います。

このシリーズを書いているうちに、次第に、ひとつの共通テーマが浮かび上がって来ました。ここ数百年の間、西欧文明が合理主義、科学主義に基づく「近代」をつくることで世界の歴史の中心を成してきたのは、彼ら自身が言うようにそこに普遍的価値があるからか。それともそれとは別の何らかの「強さ」の源泉があるからか。それは21世紀以降も続くのか。長い歴史と伝統をもつアジアなど非西欧文明は単なる特殊な文明に過ぎないのか。普遍性を追求することは、こうした多様性を排し、画一性の押しつけにつながることはないのか。逆に特殊性を尊ぶことで、文化相対主義の停滞に陥る危険はないのか。結局普遍性とは所詮人類が追求し続けるが、決して到達し得ないものではないのか……絶対的存在である神のように。日本の文明は、そして今の日本人の自信の喪失感と閉塞感は、その中でどう位置づけられるのか……。

それは、音楽を聴くにつけ、絵画や彫刻を見るにつけ、また京都や奈良を訪れるにつけ、ますます強い関心として湧き上がって来ました。そして小泉総理の下につくられた文化外交懇談会の有識者の方々のご意見や、隔月に開いた「Kサロン」にお越しいただいた文化人の方々のお話、更には地方自治体で文化交流に携わる方々との意見交換は、私の問題意識を更に深めてくれました。

この問題意識は、2006年にユネスコ日本政府代表部の大使として赴任してからも消えることがないばかりか、強まる一方でした。オリンピックを無事に成し遂げてますます勢いを増す中国、貿易交渉で米国と対等に勝負したインドなどアジアの新しい大国は、今後この世界の知的・文化的流れにどう対応していくのか。西欧の普遍性の仲間入りをするのか、特殊な文明として残ることを目指すのか、或いはそれに挑戦して新たな普遍性を作ろうとするのか……答えのない疑問が次々と湧いてくる中で、パリでも「Kサロン」を始め、そしてシリーズの第2弾として新たに「文化外交最前線Ⅱ：ユネスコ編」を始めました。そしてそれを機に最初の24のエッセイを、ここに纏めることにしたのです。

これは皆さんに何かの主張をするというより、新たな問いを投げかけるものです。それはこのエッセイを書くもともとの動機が、あくまで一緒に考え、その上でそれぞれが自分の思うところを、政治であれ、経済であれ、文化であれ、自分の分野での行動に反映させるきっかけをつくるというところにあったからです。

この出版に当たっては、かまくら春秋社の伊藤玄二郎代表と、エッセイの編集のすべてに加え、二つの貴重な対談をアレンジし、活字にして下さった桐島美浦さん、そして超過密なスケジュールの中、私との対談を快く引き受けて下さった歌人の尾崎左永子さん、NHK元モスクワ支局長の小林和男さん、そしてチェリストで駐日フィンランド大使館参事官のセッポ・キマネンさんに、心より感謝を申し上げます。

2008年8月吉日

夏の終わりのパリにて

近藤誠一

本書は、外務省ホームページ内「外務省員の声」に掲載された「文化外交最前線」（2004年2月〜2005年8月、全24回）に、新たに対談を加えたものです。

近藤誠一（こんどう・せいいち）
1946年神奈川県生まれ。71年東京大学教養学科卒、72年同大学院を中退し、外務省入省。73～75年オックスフォード大学留学。在フィリピン大使館参事官、在米国大使館参事官、同公使。経済局参事官、審議官（G8サミット担当）。OECD（経済協力開発機構）事務次長、広報文化交流部長、国際貿易・経済担当大使を経て2006年8月ユネスコ日本政府代表部特命全権大使。08年7月より在デンマーク特命全権大使。06年レジオン・ドヌール勲章シュバリエ章（フランス）、07年ベルナルド・オヒギンス勲章大十字型章（チリ）を受章。著書に『米国報道にみる日本』『歪められる日本イメージ』『パリ マルメゾンの森から』。その他、エッセイ、論文多数。

文化外交の最前線にて
――文化の普遍性と特殊性をめぐる24のエッセイ

著者 近藤誠一
発行者 伊藤玄二郎
発行所 かまくら春秋社
鎌倉市小町二―一四―七
電話〇四六七（二五）二八六四
印刷所 ケイアール
平成二〇年十月一日発行

ISBN978-4-7740-0409-9 C0095

かまくら春秋社

パリ　マルメゾンの森から

外交と文化に関する24のエッセイ

近藤誠一　著

欧州の躍動を伝える外交官のパリ通信。OECD事務次長として、フランス・パリに赴任した著者が、日々の暮らしぶりから世界の政治、文化、未来の在り方を問いかける。複雑、多様な文化がせめぎあう外交の舞台に立ち、磨き上げた視点からつづるエッセイ集。

定価　本体1600円＋税
ISBN4-7740-0283-6　C0095